百年基业引导技术系列丛书

THE VIRTUAL MEETINGS BOOK

CLICK

虚拟引导的秘诀

在线会议引导的实操指南

（升级版）

[美] 迈克尔·威尔金森（Michael Wilkinson） 理查德·史密斯（Richard Smith） 著

韦国兵 石基延 译

王金帅 唐长军 审校

電子工業出版社

Publishing House of Electronics Industry

北京·BEIJING

Michael Wilkinson and Richard Smith: Click: The Virtual Meetings Book
ISBN: 978-0972245852

版权贸易合同登记号　图字：01-2015-5778

图书在版编目（CIP）数据

虚拟引导的秘诀：在线会议引导的实操指南：升级版 /（美）迈克尔·威尔金森（Michael Wilkinson），（美）理查德·史密斯（Richard Smith）著；韦国兵，石基延译. —北京：电子工业出版社，2021.4
（百年基业引导技术系列丛书）
书名原文：Click: The Virtual Meetings Book
ISBN 978-7-121-40474-0

Ⅰ. ①虚… Ⅱ. ①迈… ②理… ③韦… ④石… Ⅲ.①会议－组织 Ⅳ. ①C931.47

中国版本图书馆 CIP 数据核字(2021)第 040939 号

责任编辑：杨洪军
印　　刷：北京天宇星印刷厂
装　　订：北京天宇星印刷厂
出版发行：电子工业出版社
　　　　　北京市海淀区万寿路 173 信箱　　邮编 100036
开　　本：787×1092　1/16　印张：16.5　字数：291 千字
版　　次：2016 年 10 月第 1 版
　　　　　2021 年 4 月第 2 版
印　　次：2022 年 7 月第 3 次印刷
定　　价：68.00 元

凡所购买电子工业出版社图书有缺损问题，请向购买书店调换。若书店售缺，请与本社发行部联系，联系及邮购电话：（010）88254888，88258888。
质量投诉请发邮件至 zlts@phei.com.cn，盗版侵权举报请发邮件至 dbqq@phei.com.cn。
本书咨询联系方式：（010）88254199，sjb@phei.com.cn。

“百年基业引导技术系列丛书”推荐序

引导重塑组织

当下，引导越来越被不同类型的企业和组织认同，成为组织发展、业务管理、绩效改善的一种工作方式，其理念和方法也被众多的企业管理者和专业工作者所接受，他们通过内训或外部学习，或者通过实际的工作坊体验完成了对引导的认知和认同，认为引导的应用场景无处不在，甚至扩展到教育工作者和父母等群体，未来每个人都应该成为引导师，都应该掌握引导的基本技能和关键能力。

所谓“引导”，英文为 Facilitate，原意是“让事情更加容易、更加简单”。作为一个方法论，引导技术在国外管理界已经相当成熟，其主要用于推动一群人更有效地研讨、决策，形成高质量的结果。而以大中型企业、管理顾问公司为首的国内企业与组织也早已关注引导技术，并逐步将其引入、推广和应用，目前引导技术已经初步具备了一定的影响力。

引导技术的使用者主要包含两大类人群。一类是专业的工作者，他们是组织内部的 HR 和组织发展部门，或者外部顾问、教练、行动学习催化师等。他们参加专业引导课程学习与认证，以丰富自身的储备，同时在工作场所不断实践，积累经验，为业务部门打好场子，提供支持。另一类是企业或其他组织中的管理者，他们通过掌握一些引导工具，以便提升日常会议的效率。这两类人群有一个共同的需求，就是期望有一套引导技术的系列书籍，一方面可以快速掌握一些好用易用的工具技巧，理解引导的价值；另一方面可以将其作为技术进阶的辅助材料，随时翻阅检索。正是这种需求，成为我们推出这套引导技术系列丛书的初衷。

作为国内领先的行动学习与引导技术的研究、实践和推广专业机构，百年基业在中国企业中大量应用行动学习时发现，引导技术不仅可极大地帮助行动学习法更好地实施与落地，而且早已在国际上形成了一个完整的技术体系，二者相辅相成、形影不离。

经过百年基业同人的精挑细选，并在电子工业出版社的鼎力相助下，我们终于为国内读者奉上了这套“百年基业引导技术系列丛书”。该丛书涵盖了从理论到实务、从方法到案例的诸方面内容，相信对于专业引导者和各类组织的管理者，都能提供全面的帮助。

本系列丛书共六册，包括《结构化研讨》《引导的秘诀》《虚拟引导的秘诀》《大师级引导》《共创式战略》《引导式培训》，它们分别从引导的流程、技巧、平台、策略、战略共创场景、培训赋能场景应用等方面来说明引导的价值。

《结构化研讨》由工作社区（Community At Work）创办人、国际知名引导师山姆·肯纳等人所著。本书介绍了结构化研讨决策的经典模型——钻石模型，详细介绍了结构化研讨决策的三个阶段（发散期、动荡期、收敛期）的概念。在每个阶段都提供了丰富的工具，展示了多方面的案例，以呈现不同做法带来的不同结果。

《引导的秘诀》是美国引导界领袖人物之一迈克尔·威尔金森先生的核心著作，他是美国韬略公司创始人兼CEO、国际引导学院董事、美国引导师资库创始人。本书被公认为引导技术的经典著作，系统地讲解了如何引导一个团队进行深入研讨的基本技术，包括引导工作的模式、框架和流程。本书内容丰富，深入浅出，操作性极强，实为引导者必备的宝典。

《虚拟引导的秘诀》同样由迈克尔·威尔金森先生所著。虚拟引导是指通过使用视频、音频、会议软件等技术，对不集中在一起的参与者进行引导，这一操作方式对引导者提出了更高的挑战。本书系统介绍了虚拟引导的步骤，以及需要解决的一些重要挑战。例如，如何保持团队动能？如何保持人们的全程参与和投入？如何处理“匿名者”？此外，本书还介绍了一些常用的技术手段，提供了多个案例，使读者能够快速使用这一新的技术。

《大师级引导》是全球引导大师英格里德·本斯女士继《引导：团队群策群力的实践指南》后的又一力作。英格里德·本斯被引导业内人士称为“引导界的女王”。本书旨在帮助引导师获得实用的高级引导策略与技能，主要聚焦于五大方面：高级引导者应具备的胜任能力与个人价值观体系；帮助团队做复杂决策的核心手段与方法；团队冲突管理的九种干预工具；高级引导咨询策略；高级引导的十四个基本流程。本书势必会为中国引导从业者与应用者带来更高水平的专业发展指引，将引导技术的应用推向更加深入的阶段。

《共创式战略》是迈克尔·威尔金森先生的又一力作。书中详细介绍了战略驱动模型，引导战略规划的关键组成部分与流程步骤，战略规划计划、执行质量的评估精要和相应的工具模板，以及标杆组织战略规划最佳实践。通过作者开发的战略驱动模型和相应的工具模板，专业催化师和高层管理者可以轻松地引导团队完成战略规划和执行。

《引导式培训》一书是百年基业董事合伙人韦国兵老师和施英佳老师多年践行引导式教学的经验总结，借助引导技术助力培训实现“以学习者为中心”的初心，从工作问题或业务挑战出发，引导大家群策群力，在培训赋能的过程中，实现智慧共创与聚焦，最终解决问题，达成共识。需要指出的是，这种培训模式绝不仅是简单的“引导”+“培训”。《引导式培训》一书更倡导的是，用引导的理念实现培训的价值转化，将引导技术灵活融入各类培训场景中，通过培训师与引导者身份的无缝切换，实现培训能量的自然流淌，让学员真正成为课堂的主角，帮助个人与组织解决问题，助推业务发展。

我们欣慰地看到，在多次修改之后，本系列丛书终于付梓。在此，我们要感谢电子工业出版社编辑的辛勤付出，感谢百年基业同人的大力支持与帮助，还要感谢对引导技术长期关注的同行、客户，正是这一大群精英人士对引导技术的钻研与痴迷，才使我们有了不断前行的动力。

由于时间、水平所限，本系列丛书的译校和写作难免有不足之处，真诚欢迎读者不吝指教，裨使本丛书能够常读常新，为引导技术在中国的发展贡献绵薄之力。

是为序。

唐长军　王金帅

北京百年基业管理顾问有限责任公司

2020 年 7 月 20 日于北京

唐长军 长江商学院EMBA，百年基业创始合伙人，研究院院长，国际引导学院（INIFAC）中国首批认证资深引导师（CCF），新加坡引导协会（FNS）“SPOT团队引导”课程认证培训师，国际行动学习催化中心（CALF）中国分会会长暨认证行动学习催化师。他是《SPOT团队引导》《行动学习催化秘籍》等多本图书的联合译校者。联系方式：tangchangjun@gene100.com。

王金帅 百年基业高级合伙人，中国引导师协会（CAF）联合发起人。国际引导学院（INIFAC）认证专家级引导师（CMF终身），美国韬略公司（LSI）“引导的秘诀”“共创式战略”课程认证导师，国际行动学习催化中心认证催化师（CALF）Level5，国际行动学习协会（WIAL）认证高级行动学习教练（CALC）。《虚拟引导的秘诀》《行动学习应用》《行动学习催化秘籍》等多本图书的译校者。联系方式：wangjinshuai@gene100.com。

目录

第 1 部分　虚拟革命

第3部分 如果……怎么办

第 4 部分 虚拟会议实例

第 1 部分

虚拟革命

第 1 章

为什么要用虚拟的方式

- ☑ 虚拟困境
- ☑ 虚拟会议：爆发式增长
- ☑ 虚拟会议技能：远远落后
- ☑ 为什么参与至关重要
- ☑ 虚拟会议框架
- ☑ 本书会为你带来什么
- ☑ 案例学习　凌晨 4 点，你知道你的引导师在哪里吗

虚拟困境

人力资本副总裁请你主持一次虚拟、跨职能的七人工作小组会议，这个小组负责可怕的年度绩效评估流程的重新设计任务。除了你和另一位总部人员，团队中的其他五位成员均分布在美国的不同办公地点。

你过去曾经成功地主持过两次工作组会议。但这两个工作组的成员均来自总部，大家一直都在同一个办公室里工作。这将是你第一次主持一个虚拟会议，所以你困惑：“这将如何改变我的原有流程呢？”当然，有些差异是显而易见的。

- 你知道因为大多数团队成员都不在同一个房间里，所以除非你使用某种类型的视频会议工具，否则大家无法看到对方。
- 因为大多数团队成员彼此之间并不熟悉，所以大家不太可能辨别出声音或谁在讲话，特别是在前几次会议中。
- 如果彼此看不到对方，大家可能会同时被多项任务分神，就不会只专注于正在进行中的会议。
- 大家都不在同一个房间里也可能意味着，团队成员无法读取其他人的表情和肢体语言，因此就“看不到”那些让人们知道有人同意、不同意或者想要下一个发言的各种非语言信息。
- 最后，在面对面的会议中，人们通常会进行每个人都可以看到的演示，也可以用活动挂图记录人们正在说的内容。这些工具有助于人们保持专注，因为每个人都可以看到正在记录的内容。如果没有屏幕共享工具让每个人都能看到同样的信息，团队就需要花更长时间来完成同样的工作，生产效率会大大降低。

那些不太明显的差异又有哪些呢？在虚拟会议中你需要采取哪些不同的策略来适应虚拟环境呢？换句话说，你担心这个最重要的问题：

虚拟会议有哪些不同之处以及我们将不得不做哪些调整？

虚拟会议：爆发式增长

大家很快就能看到虚拟会议的爆发式增长。在我们自己的组织里，作为美国领先的专业引导师和引导培训机构，在过去的12个月里，为了本书的出版，我们所引导的虚拟会议比过去五年的总和还要多。事实上，在本书出版前的两个月里，我们的一位引导师为亚特兰大的一个小组提供了一次为期半天的面对面引导会议和三个半天的虚拟会议——一个小组在英国，一个小组在波兰，所有这些都发生在同一周之内！

是什么助长了这种增长的趋势呢？我们认为，是几个因素的组合为这种增长提供了手段和动机。

虚拟会议增长影响因素

- 访问：
  笔记本电脑、平板电脑和内置摄像头的智能手机已经成为日常标准。从前，要做好“虚拟准备”，一个组织需要一个专门的房间来放置摄像机和麦克风；今天，人们可以坐在办公桌前、在开车过程中、在杂货店排队结账时参加虚拟会议。
- 价格：
  基于网络的技术进步使得便于使用的工具以合理的价格提供给我们，使得虚拟通信可以很方便地提供给大大小小的企业。此外，“免费增值”模式使人们可以在没有任何成本的情况下使用这些工具的基本功能，只有在使用高级功能时，才需要支付额外的费用。

- 需求：

  如同每一个商业周期，当经济衰退时，旅游预算会大幅削减。月度或季度的团队会议所需的差旅费会变成一种奢侈，许多人不再能负担得起。“为了面对面开会而做空中飞人”的想法通常会遭到反对。但在最近的经济衰退中，虚拟会议已经成为一种可行的选择。访问媒介越来越普及，人们可以以合理的价格获取这些工具。所以当这种需求增长时，人们已经有了一个现成的答案，即虚拟会议爆发式增长开始。

虚拟化增速发展趋势仍将继续，并且拓展到新的领域之中。根据 Blackboard 公司产品管理和开发副总裁 Valerie Schreiner 的说法，这种趋势正从订好日程的正式会议中转移：“扩展似乎在临时、即时接入类型的会议当中，与其依赖于异步沟通来建立同步会议，不如在你有时间并且可以发起对话的情况下，我们召开一次虚拟会议。”另外，相比现有的独立系统，虚拟会议平台开始出现嵌入其他应用中的情况，如客户关系管理系统和企业资源规划系统。

虚拟会议技能：远远落后

虽然对虚拟会议的需求正在增加，但我们却不能说，能够操作这类会议的会议主持人技能同样在提升。从本质上说，虚拟会议更为复杂。要想高效召开虚拟会议，需要进行更多的规划，而且，要想驱动参与、认同以及对行动做出承诺，必须采用不同的执行方式。

很遗憾，我们得到的经验是，很多会议主持人准备虚拟会议的时间甚至要少于准备面对面会议的时间。就好像他们认为使用技术手段并且把不在同一个房间里的人集中起来，会减少准备工作。（当你读到这里时会觉得很可笑，不是吗？）

在虚拟会议主持人真的意识到需要准备的情况下，他们准备的重点是学会如何使用工具。工具的熟练使用确实至关重要。你能想象参加一个会议主持人在学习如何使用白板笔的面对面会议有多么痛苦吗？但仅仅学会如何使用工具还远远不够。

正如 ClickMeeting 品牌经理 Agnes Jozwiak 所说的，“应该优先考虑你要演示什么，而不是用什么工具演示”。

在运行虚拟会议方面缺乏准备和缺乏技巧的结果会是什么呢？我们发现，如果缺乏准备和技巧，会议就会变得：

- 不会准时开始，因为人们对这项技术的使用有困难。
- 由于存在防火墙和其他障碍，关键人物无法演示。
- 由于缺乏准备，没有明确的目的。
- 不能聚焦在主题上，因为会议主持人允许偏离主题。
- 不能让人们充分投入，因为别人看不到自己，就会出现同时干好几件事情的情况。
- 不能处理冲突，因为主持人经常看不到利用沉默传达不同意的肢体语言信息。
- 不能处理失当行为，因为会议主持人被技术分散了注意力。

要想持续地取得成功并实现理想的成果，虚拟会议主持人必须处理好两个基本问题。

虚拟会议两个基本问题	• 在虚拟会议环境中，你如何确保每位参会者都可以访问并熟练地进行操作？ • 你要做些什么来让和你不在同一个房间里的人全身心地投入？

为什么参与至关重要

在面对面会议中，参与很重要；而在虚拟会议中，参与至关重要。在面对面会议中，当人们不参与时，你作为会议主持人能够看到。你可以看到人们在自己的平板电脑上工作、在打电话、在和周边的人窃窃私语、在盯着窗外的路人甚至在打盹儿。但在虚拟会议中很少能这样观察。如果你正在主持一个虚拟会议并且没有视频，参会者可能正在做着前面描述的所有行为，但你却可能永远都不会知道——除非你使用参与策略，让他们保持专注和互动。这就是本书的全部内容：运用引导的艺术保持虚拟会议的高参与度和高互动性。

高参与度与更好的结果之间的关系非常明确，图 1.1 说明了参与带来结果的两种途径。

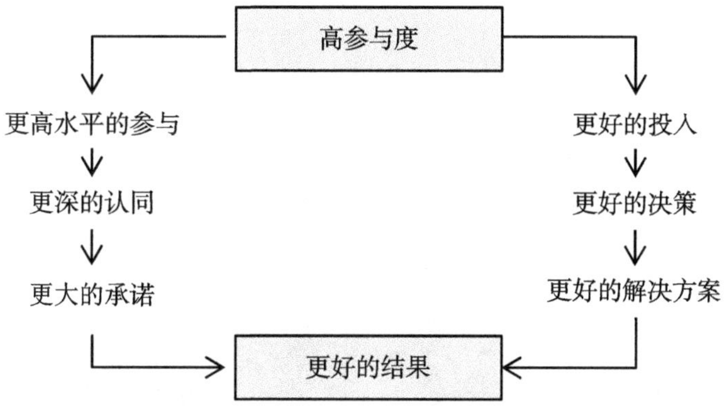

图 1.1　高参与度与更好的结果之间的关系

通过参与，你往往会更好地投入，从而产生更好的决策、更好的解决方案和更好的结果。与此同时，当参会者参与进来时，往往会在讨论中产生更高水平的参与，这将带来对决策更深的认同、产生对行动的更大承诺，而这反过来又会产生更好的结果。

虚拟会议框架

如何创建高参与度和高产出的虚拟会议呢？我们开发了一个虚拟会议框架，将其作为帮助会议主持人准备和运行有效虚拟会议的指南。该框架改编自《卓越会议的秘诀》一书，作为本书所描述一系列工具和技术的基础。让我们来看看虚拟会议框架的组成部分（见图 1.2）。

- 该框架的基础是描述卓越虚拟会议特征的愿景。在后面的章节中你们将看到，卓越虚拟会议有 16 个重要特征。
- 愿景之下是会议蓝图，其中包括准备、开始、运行、关闭与跟进一次卓越虚拟会议的各种策略。

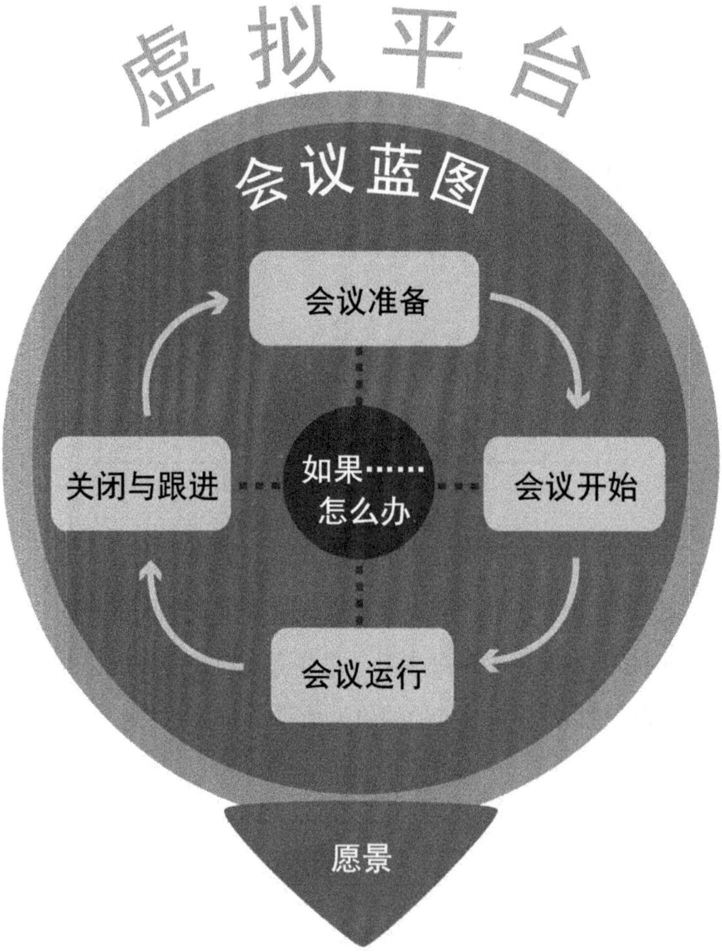

图 1.2 虚拟会议框架

- 会议蓝图中的一个关键组成部分是“如果……怎么办”。如果有人主导了虚拟会议怎么办？如果有人口头攻击另一个人怎么办？如果有重大分歧怎么办？蓝图中包含了解决这些情况的各种策略。
- 围绕着会议蓝图的是虚拟平台，虚拟平台为会议蓝图的实现提供了相应的环境，有助于你实现卓越虚拟会议的愿景。

本书会为你带来什么

成为一名优秀的虚拟会议引导者，你需要精通以下三个领域：

- 你必须知道你正在使用的虚拟会议平台的功能。
- 你应该理解和熟练使用引导优秀虚拟会议的原则，包括在开始阶段让人们对会议感到兴奋的技巧、提问技巧、保持专注的技巧、建立共识的技巧，以及处理失当行为的技巧。
- 你应该有一个能够使参会者在虚拟环境中保持专注和高产的参与策略工具箱。

本书通过 12 章内容，为你提供了实现上述三个目标的路径和各种策略。那些熟悉《引导的秘诀》和《卓越会议的秘诀》的读者将看到，在这两本书中所描述的具有威力的引导技术是如何进行调整和精简，以适应虚拟环境的。本书分为四个部分，各部分内容简介如下。

第 1 部分　虚拟革命

第 1 章　为什么要用虚拟的方式

正如你刚才所读到的，在第 1 章中我们就将方向转向了虚拟会议，概述了虚拟会议的框架，介绍了在虚拟环境中保持参与的关键挑战，并介绍了本书会如何解决这些挑战。本章将回答以下问题：

- 为什么虚拟会议会爆发式增长？
- 随着虚拟会议的不断增长，虚拟会议技术得到相应的改进了吗？
- 虚拟会议的两个基本问题是什么？
- 为什么参与至关重要？
- 虚拟会议的框架是什么？
- 本书会为你带来什么？

第 2 章	**构建虚拟会议愿景** 为提供虚拟环境中成功的策略，我们必须定义什么是卓越虚拟会议。在本章中，我们描述了卓越虚拟会议的 16 个特征；创建具有这些特征的会议时，会议主持人和参会者应该起到的角色和作用。本章将回答以下问题： • 是什么让虚拟会议与众不同？ • 为什么虚拟会议没有发挥作用？ • 需要消除哪些问题？ • 卓越虚拟会议的特征是什么？ • 虚拟会议主持人的作用是什么？ • 虚拟会议参会者的作用是什么？ • 如何减少不必要的虚拟会议？
第 3 章	**选择虚拟会议平台** 在本书出版时，有超过 50 个虚拟会议平台可供选择。本章中我们会提供一个框架，根据这些平台支持的关键功能，将这些虚拟平台分为四个层级，进而帮助你排除各种选择的干扰噪声。然后，我们为你提供了一个流程，帮助你确定哪个层级更适合你。我们还为你提供了在所选定的层级中选择最合适工具的方法。本章将回答以下问题： • 区分不同产品的功能有哪些？ • 虚拟会议中，哪些功能可以最大化参会者的参与水平和产出？ • 四个产品层级是什么？在哪些层级中一些最常见的平台会失败？ • 如果正在挑选虚拟平台，你如何将选择范围缩小到一个层级？ • 确定了合适的层级后，如何在该层级中选择合适的产品？

第 2 部分 运行虚拟会议

第 4 章 准备

由于缺乏规划和准备，太多虚拟会议都失败了。本章为你提供了规划虚拟会议的方法，包括一份全面的准备事项清单。本章告诉你如何使用 6P 框架来最大化你的时间和减少不必要的虚拟会议。为了帮助你缩短准备时间，本章还包括六个常用的议程。本章将回答以下问题：

- 规划和准备卓越虚拟会议的 6P 是什么？
- 如何避免召开不必要的虚拟会议？
- 如何使用会议目的和产出制定议程？
- 虚拟会议的关键基本规则是什么？
- 如何估计每项议程的时间？
- 如何规划虚拟环境所需的参与程度？
- 如何提前准备虚拟会议室？

第 5 章 开始

虚拟会议如何开始往往决定了参会者对后面的每项议程的期望程度。如果会议开始做得好，你就会创造出这样的会议期望：这个会议是有吸引力的、有效的、值得花时间的。然而，如果会议开始做得不好，你就会失去大家的参与，甚至在开始你的第一项议程之前就已经失去了大家的参与。在本章中，你会发现让人们在会议开始就参与进来和兴奋的关键点。你也会学到提出优秀开场问题的策略。本章将回答以下问题：

- 虚拟会议高效开始的关键要素有哪些？
- 如何降低会议被技术问题破坏的可能性？
- 让虚拟会议准时开始的策略是什么？
- 为了让人们马上投入进来并受到鼓舞，在你的开场白中应该包含哪四个部分？
- 什么是第 3 级能量？你如何使用它？
- 用什么样的方式提问可以得到大量的回应，而不是可怕的沉默？
- 如何让人们认同议程？

第 6 章	运行 一旦虚拟会议开始了，你就要通过执行会议议程来开展会议。但是对于每项议程来说，都有一些关键的执行技术，其中包括：提供一个检查点，让人们从一开始就集中注意力；进行清晰的指令说明；对跑题绕路情况迅速做出反应等。本章将回答以下问题： • 在每项议程开始时，你应该做些什么来使小组集中注意力？ • 如何给出准确、清晰和简明的指令？ • 在会议期间，需要记录哪些信息，不需要记录哪些信息？ • 当有人试图讨论与主题无关的话题时，你该怎么做？ • 在一个虚拟会议上，引导者要避免提出哪些没有人能够回答的常见问题？
第 7 章	收集信息 在虚拟会议中，几乎每项议程都需要某种类型的信息收集流程，如头脑风暴。遗憾的是，大多数会议引导者并没有为他们即将使用的流程进行规划。结果是，他们不断地重复使用一个或两个同样的信息收集流程。这不仅会使会议单调乏味，而且降低了参与性和有效性。一些议程可以通过使用参与策略得到更好的处理，例如，使用快速轮流法，或者使用虚拟平台所提供的投票、白板等功能。当你能够使用正确的流程处理特定需要，并且能够不断变化流程执行方式的时候，对于参会者来说，会议就会变得更能使人集中注意力、更加高产和更有趣。本章将回答以下问题： • 常用的信息收集流程有哪些？ • 何时以及如何使用这些流程？ • 你应该如何向小组解释这些流程？你应该提出什么开场问题？ • 常用的信息收集流程的输出成果是什么样的？

第 8 章　关闭与跟进

一旦所有的议程都已经完成，就该关闭会议了。但在关闭之前，还有一些事项要完成，关闭之后，通常需要跟进环节。本章提供了一个有效关闭虚拟会议的框架。本章将回答以下问题：

- 完美关闭的关键要素有哪些？
- 如何确保大家认同会议中做出的决策并对将要采取的行动做出承诺？
- 对于参会者在会议开始时确定的关键主题或个人目标，你要如何处理？
- 如何处理仍在问题清单上的事项？
- 对于行动清单上事项的责任分配，有哪些指导方针？
- 需要从团队和会议发起人那里得到哪些反馈？
- 如何做会议记录？

第 3 部分　如果……怎么办

第 9 章　如果出现失当行为怎么办

失当行为会影响虚拟会议的效率和有效性。虚拟会议中可能会发生许多不同类型的失当行为，包括中途退出、不参与、口头攻击他人，以及带着厌恶离开虚拟会议室等。本章的重点是有意识地预防、及早识别和彻底解决这些失当行为的策略。本章将回答以下问题：

- 失当行为的定义是什么？
- 在会议开始之前，你能做些什么来有意识地防止失当行为的发生？
- 你应该注意哪些失当行为的早期征兆？
- 处理失当行为的通式是什么？
- 虚拟会议常见的失当行为有哪些？预防、现场解决和后续跟进这些失当行为的策略有哪些？
- 如果有人反对流程，你要怎么做？

第 10 章	**如果出现分歧怎么办** 大多数虚拟会议的引导者并不知道，人们出现意见分歧的原因只有三个。他们也缺乏诊断分歧级别的工具和解决相应级别分歧的策略。因此，当出现分歧时，他们是在“装备不足”的情况下去解决的。本章解释了人们产生分歧的原因，并提供了出现分歧时如何让大家达成共识的五种技术。本章将回答以下问题： • 人们产生分歧的三个原因是什么？ • 你如何确定分歧属于层级 1 分歧、层级 2 分歧，还是层级 3 分歧？ • 解决这三个层级分歧的策略有哪些？ • 团队使用的共识标准有哪些？ • 什么是少数服从多数原则的流程？何时使用该流程？ • 五指共识法是指什么？为什么说它可能是比少数服从多数原则更好的方法？
第 11 章	**如果会议情况特殊怎么办** 在本书中，我们所描述的大多数虚拟会议的策略是指会议中的引导者和大多数参会者处于不同地点的情况。有的虚拟会议的情况却并非如此。本章包括三个具有代表性的特殊情况的实例，并为以下几种情况提供了关键策略： • 如果只有少数人是远程参加的，怎么办？ • 如果大多数人都是远程参加的，怎么办？ • 如果只有作为会议引导者的你是远程参加的，怎么办？

第 4 部分　虚拟会议实例

第 12 章　综合应用

在最后一章中，我们将演示如何在一个两小时的虚拟会议中，将我们所提供的工具和技术应用在会议的准备、开始、运行和关闭阶段。本章提供了一个完整的例子，演示了在会议准备、会议开始、会议运行和会议关闭各个阶段如何使用检查清单。你会看到下面这些演示：

会议准备：

- 准备的 6P
- 制定议程
- 选择虚拟平台
- 确定参与方法
- 估算时间
- 制定会议通知
- 选择基本规则
- 准备名单

会议开始：

- 尽量减少技术问题的影响
- 准时开始会议
- 提供开场白
- 进行点名
- 调动参会者参与
- 确认议程
- 回顾基本规则
- 回顾停车场
- 做自我介绍

会议运行：

- 使用检查点保持团队专注
- 使用 PeDeQs 给出准确、清晰和简明的指令
- 遵守议程的时间
- 寻求所有观点以及调动参与的各种方式
- 记录相关信息
- 在推进之前寻求共识
- 倾听离题的讨论

会议关闭：

- 回顾会议中讨论过的所有议项
- 确定做出的决策
- 处理悬而未决的问题
- 布置行动
- 评估会议
- 感谢参会者并关闭会议

通过这 12 章，我们回答了在本章的第一部分中所提出的虚拟困境所带来的问题，即“虚拟会议有哪些不同之处以及我们将不得不做哪些调整”。

在整本书中合适的地方我们提供了建议方法的截图，这样你就可以看到要做些什么了。在截图中，我们使用了各种不同的平台，想要强调的是，可以将我们所提供的技术应用到你所使用的所有的虚拟平台上。

现在，我们以一个案例学习来结束本章内容，这个案例会让你对在下一次会议中如何使用本书所提供的虚拟会议策略有一个直观的感受。

案例学习

凌晨 4 点，你知道你的引导师在哪里吗

（作者：迈克尔·威尔金森）

当客户请我回英国引导一个战略更新会议时，我知道问题来了。一年前，我飞到那里帮他们训练了一批引导师，这批引导师会担任我所引导的一系列战略会议的各个小组的引导者，其中包括他们的 60 位高层领导者。这一年里，他们的计划进展顺利，现在战略更新会议需要对成果进行回顾，并为下一年重新设定战略规划。

为期一天的更新会议需要一天的准备时间。但因为我的工作地点在美国，英国之行需要一天的行程，返回也需要一天时间。所以，我的客户为了一天的更新会议需要支付四天的费用。我并不认为这趟旅行的费用是合理的，所以我提出了一个替代方案。

我的建议是召开两个为期半天的虚拟会议。第一次会议是第一天的下午 1 点至

5 点（他们的时间），以及第二天的上午 9 点到下午 1 点。过了一段时间我才意识到，第二次会议将在美国的凌晨 4 点开始——而我就是提出这条建议的那个人！遗憾的是，客户在我意识到这点之前，已经同意了我的建议。

此次更新会议包括 20 位高管，他们都会在同一个房间里。我是唯一一个远程参与的人。首席战略官安排这些高管围坐在四张桌子旁，每张桌子上配备了一台装有网络摄像头的电脑，以便让我看到每张桌子旁的大多数人。在房间的前面还放了另外一台电脑，以便让我看到整个房间。他们把我投射在大屏幕上。每张桌子旁都有一位引导师，他们负责记录，充当我的“眼睛”（见第 5 章）。图 1.3 给出了会议案例学习的截图。

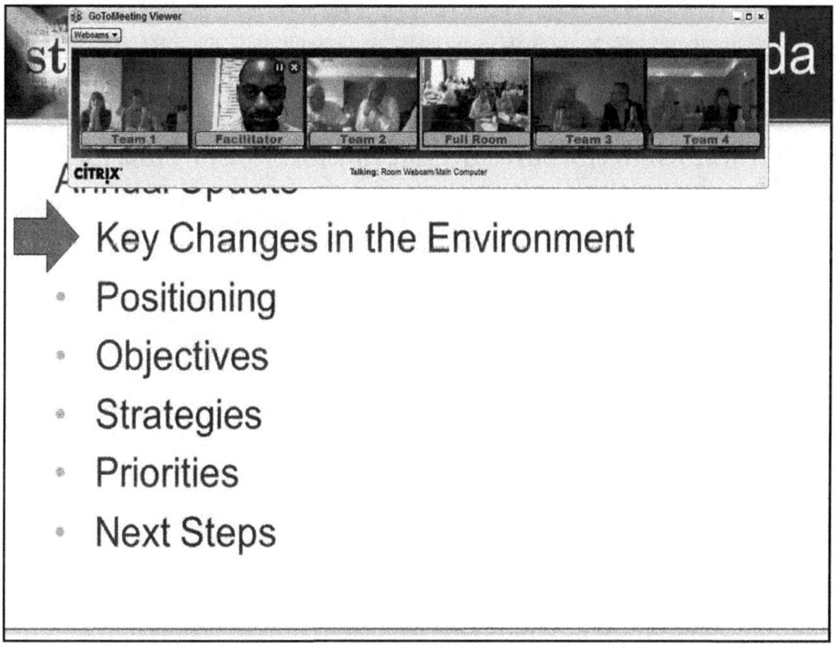

图 1.3　会议案例学习

我使用传统的“感谢—告知—鼓舞—赋能”（见第 5 章）的方式开始了会议，并使用“列清单”活动（见第 7 章）使团队马上开始了互动（见第 7 章）。我频繁使用轮流法（见第 7 章）使每个人都参与其中。我们进行了分组，由我来全程指导和点评。

当第二天关闭会议，参会者被问到对于此次会议他们喜欢的内容有哪些时，他们的回答如下（每项后面的数字表明有多少人做出了类似的评论）：

- 节奏（9）
- 结构（3）
- 参与度（3）
- 准备（2）
- 小组引导师（2）
- 主引导师不在现场（我们表现得更好）（2）
- 集中度层级
- 效率
- 投入
- 对会议的热情
- 良好的回顾流程
- 我们为优先事项打分的方式（分享观点）
- 重新思考的机会
- 网络引导非常有效

有三条改进建议：准备一个更大的屏幕；分发讲义手册，因为屏幕太小了；安排一位现场引导师负责引导活动挂图的信息回顾。

小组负责人的关闭点评是无价的："当我得知我们将要和一位虚拟环境中的引导师一起完成这次会议时，我非常怀疑也不认为会议会有效。但是我非常惊喜，就好像你就在房间里一样。"

第2章

构建虚拟会议愿景

- ☑ 虚拟困境
- ☑ 虚拟会议的问题
- ☑ 卓越虚拟会议的特征
- ☑ 卓越虚拟会议主持人做什么
- ☑ 卓越虚拟会议中参会者的作用
- ☑ 培训在实现愿景中的作用
- ☑ 什么时候会议不需要使用虚拟方式
- ☑ 特殊话题：会议类型
- ☑ 减少会议
- ☑ 总结：构建虚拟会议愿景的策略

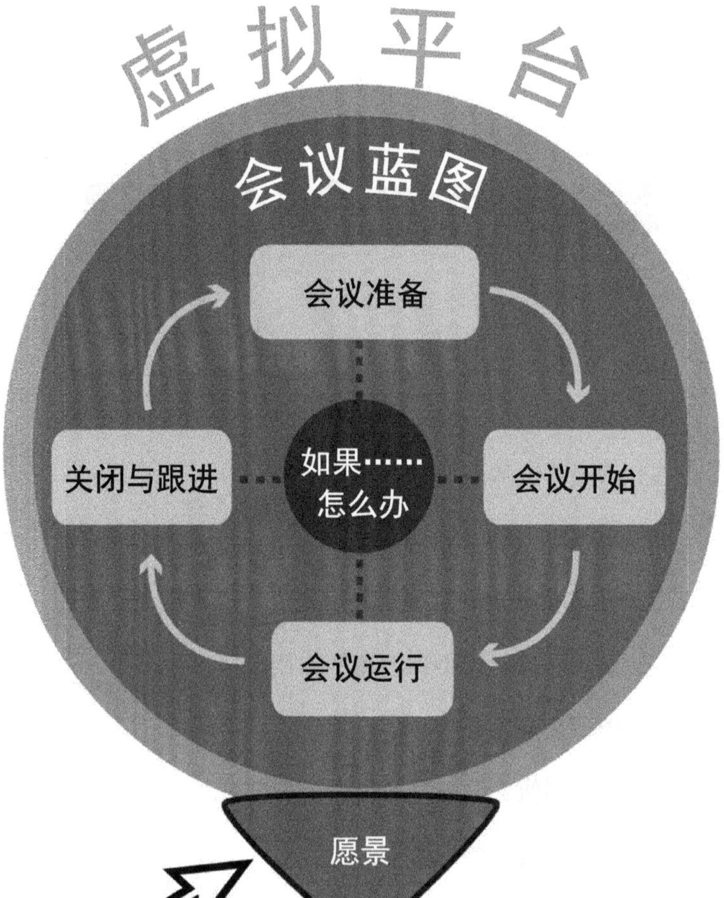
虚拟平台
会议蓝图
会议准备
关闭与跟进
如果……
怎么办
会议开始
会议运行
愿景

虚拟困境

你正在准备为一个系列虚拟会议的第一次会议制定日程，这个系列虚拟会议的参会者是跨职能的工作任务小组，人力资本副总裁要求你来引导这些会议。尽管你很享受引导这些任务小组的成功，但这些任务小组都是由来自总部的参会者组成的。由于这个新的任务小组的大部分成员来自远程的五个不同办公室，你知道这个任务会非比寻常。

当准备安排第一次虚拟会议日程时，你意识到有一些事你必须事先进行考虑。其中包括以下几项：

- 当选定一个虚拟会议平台时，你将如何获得引导这些虚拟会议所必需的技能？
- 参会者需要什么样的培训？你如何为他们安排这个培训？你如何确保参会者在整个过程中能够跟着进程？在会议中，你要做些什么来让参会者加快速度，以便任务小组能够尽量使用虚拟会议平台的工具？
- 你需要考虑虚拟会议和面对面会议引导之间有哪些主要区别。
- 针对这些虚拟会议，你需要一些不同的或特殊的参与规则吗？
- 你如何处理会议中出现的问题和使用技术时可能会出现的技术挑战？
- 在面对面会议中，你曾经使用过一些确保参会者参与进来并认同工作任务小组目标的常见的参与活动，这些活动哪些可以在虚拟会议中使用？

你意识到了这个任务对于人力资本副总裁的重要性，以及取得的成果对于组织的影响。你要确保这个任务成功。此外，你也想证明虚拟会议对于节约那些为了组织半天的面对面会议所必然发生的支出（包括来回的机票）来说，是一个非常强大的工具。你认为虚拟会议可以提升效率，这是你验证这个信念的机会，而且，这次会议如果成功的话，也能够为用虚拟会议来帮助一线员工成长创造一个先例。要取得成功，你必须回答两个关键问题。

虚拟会议怎样才算取得了成功？
我如何取得成功？

要创建一个成功的虚拟会议愿景，我们首先要找出虚拟会议所面临的共同问题，以及为什么虚拟会议过去效果不好。

虚拟会议的问题

为什么有那么多的虚拟会议不吸引人、不能鼓舞士气、低产而无效呢？在过去的 20 多年中，我们培训课程的学员反复发现面对面会议存在的以下问题。虚拟会议也被许多同样的如下问题所困扰。

虚拟会议和面对面会议的共同问题

- **规划不足**：在目的、议程、参会者、时长和所需信息方面的规划不充分。
- **缺少承诺**：参会者在为会议做准备、准时到达、不早退以及对于会议主题充分关注方面缺乏承诺。
- **缺乏兴趣和投入度**：会议期间出现这种现象会导致低能量和低参与度。
- **缺乏控制**：会议引导者缺乏对维持会议主题、保持会议时间在限制范围内、保持适度细节和维持平衡与尊重的参与等方面的控制。
- **参会者担心徒劳无益**：参会者认为他们的努力不会有什么作用，或者担心如果他们毫无保留地发言会导致报复，这会让他们在参与过程中无法全身心地投入开放和诚实的对话中。
- **参会者彼此之间缺乏尊重**：例如，互相打断对方、高谈阔论、口头攻击和私聊（如在平台的私人聊天功能）等行为。

- **不充分的决策制定过程**：导致缺乏共识、达不成决策、发生冲突，或者回避冲突等行为。
- **跟进不充分**：对于会中产生的决策没有进行记录，或者没有分配行动，或者没有跟进以确保行动得以完成。

本书中，你会发现解决这些常见问题的策略。然而，虚拟会议也有其独特的挑战。在下面的列表中，我们提出了十个虚拟会议所面临的独特问题，并提前提供了一些你将在后面的章节中会看到的、能解决这些问题的技术。

虚拟会议的独特问题

- **缺乏虚拟会议需要以不同的方式来运作的意识**，结果是，会议引导者采用与面对面会议完全一样的方法来规划和执行虚拟会议。这是一个常见的问题，没有考虑到虚拟会议的主要挑战。
- **对虚拟会议平台的技术故障规划不足**，这往往会使虚拟会议从一开始就出现故障。尽管规划并不能预防所有问题，但有规划还是可以消除一些问题，并尽量减少其他影响。在后面的章节中，我们将讨论指导大家在会前对技术设备进行测试的重要性，以及其他一些减少故障影响的策略。
- **会议主持人既要开展会议，还要帮助人们解决技术难题**，这使得主持人两项工作都做得很糟糕。如果参与虚拟会议的人比较多，我们建议安排一个协调者，协助参会者解决技术问题，并帮助会议进行。这样就可以让主持人把重心放在开始、运行和关闭会议上。
- **如果参会者在使用虚拟会议平台方面具有同样的精通度**，可能导致较低熟练程度的参会者掉队或降低他们的参与度。提前进行培训和介绍可以使这些问题最小化。
- **对于参会者何时及如何使用工具的各项功能没有提前做准备**，这会导致会议失去提高产出、有效性和参与性的机会。在准备过程中，你可以增加一项议程安排，详细介绍如何使用虚拟会议工具。

- 虚拟会议**增加了参会者同时进行多项任务的可能性**，这意味着会议引导者必须通过增加参与频率以及变化活动类型等方式来进行调整。当会议中没有使用让大家彼此能够看得见的视频设备时，除非采取一些特别的步骤来维持他们的兴趣，否则参会者可能经常会脱离会议去完成其他活动。参与对于任何一次会议都是很重要的，但在虚拟会议中，由于会议主持人无法读取肢体语言，调动参与性就更为至关重要了。频繁使用投票、白板、轮流发言和其他参与策略可以产生显著不同的效果。你会看到，在一次虚拟会议中，我们推荐每10~20 分钟就使用一些类型的参与调动活动。
- **"观察会议房间"**和在出现问题之前**识别失当行为非常困难**。尽管使用视频技术可以提供一些视觉线索，但无法觉察失当行为的早期迹象可能是灾难性的。频繁使用参与调动策略，以及安排一位协调者来监控问答面板和查看参会者的聊天情况，可以帮助引导者识别失当行为。同时，精心准备摄像头配置。如果多位参会者在同一间会议室，安排一些人充当会议主持人的"眼睛和耳朵"也是非常有帮助的。
- **不能发现分歧的早期迹象**，这对于在虚拟环境中不适应使用一致性检查、投票、白板、"举手"以及其他虚拟会议平台上的一些功能的主持人来说，是一个挑战。
- **死气沉沉的虚拟会议主持人**是一个经常遇到的问题，因为许多会议主持人并没有认识到弥补非面对面带来的能量缺失的重要性。我们发现使用我们称为的三级能量（对比一级能量、正常的说话声音）来主持虚拟会议是有帮助的。当引导一个虚拟会议时，我们有时也会站起来。这两种技术都有助于投射出额外的能量，在保持虚拟会议参会者清醒度及参与方面，起到很大的作用。

- **跨多时区的虚拟会议较差的时间配合**，这将导致许多参会者的整体表现变差。时间可以是时点安排问题，也可以是时长问题。如果跨多个时区，把所有参会者的时间都安排在白天只是一个理想状态。虽然我们经常为我们的客户提供很多天的会议，但我们发现，虚拟会议应限于 2 小时或更少的时间段内，除非能够提供一个 30 分钟或更长时间的充分休息。

尽管这些列表可能看起来令人畏惧，但好消息是，有很多工具和技术可以用来解决这些难题。在本书的第 2 部分，我们将与你分享我们召开卓越虚拟会议的最佳实践。

卓越虚拟会议的特征

卓越虚拟会议是我们用来描述我们认为每个虚拟会议都应该是那个样子的愿景的一个术语。总之，一次卓越虚拟会议可以描述如下：

> 一次卓越虚拟会议是指一次精心准备、精准执行和结果导向的会议。会议中的一个或更多参会者并不在同一个会议室内，会议准时开始，带着决议关闭，并有清晰的跟进计划。

卓越虚拟会议有 16 个具体特征，如图 2.1 所示，克服了前面所描述的难题。

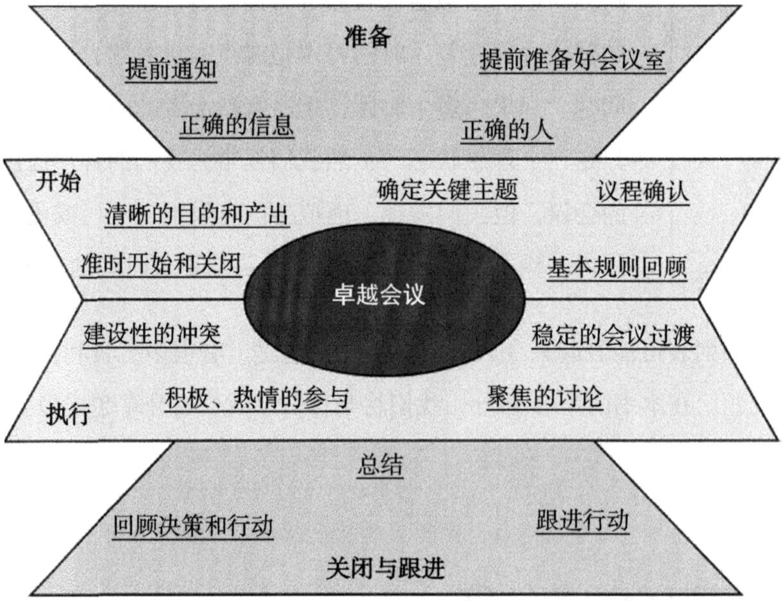

图 2.1 卓越虚拟会议的特征

准备

1. 提前通知

参会者事先知道目的、期望成果、建议的议程和其他关于会议的重要信息。

2. 提前准备好会议室

会议主持人要提前来到虚拟会议室中，这样，会议室就可以在虚拟会议召开前至少 10 分钟创建和运行起来了。

3. 正确的人

在虚拟会议中包括正确的人。他们对于虚拟会议平台的使用做好了准备，能够熟练使用平台上的各种功能。他们准时出席并在整个时间段内一直不离开。在必要的时候，可以安排一位协调员，协助会议主持人回答参会者的提问和处理其他可能出现的技术问题。

4. 正确的信息

虚拟会议必要的信息都准备好了。

开始

5. 准时开始和关闭

要准时开始和关闭虚拟会议。

6. 清晰的目的和产出

虚拟会议开始时，会议主持人要回顾会议的目的和期望的产出。

7. 确定关键主题

无论是在虚拟会议中还是虚拟会议前，所有参会者都有机会确定需要讨论的关键主题，以实现目的和产出。

8. 议程确认

虚拟会议主持人要确定议程，并为每个议项设定时间限制。主持人可以调整议程，以确保所有关键主题都进行了讨论。

9. 基本规则回顾

虚拟会议的引导者要提醒参会者基本规则，以及参会者在整个会议期间要遵守的基本规则。

执行

10. 稳定的会议过渡

当虚拟会议从一项议程过渡到下一项议程时，会议主持人要提醒参会者每项议程的目的，该议程与整体会议目标的关系，以及需要小组做些什么来完成该项议程。

11. 聚焦的讨论

讨论话题要随时集中在要讨论的主题上。除非取得了大多数人的明确认可，并充分了解了对于剩余议程的影响，任何主题都不允许超过其规定的时间。

12．积极、热情的参与

在整个会议期间，所有虚拟会议参会者都积极参与。要让他们感觉到公开而诚实地表达自己的想法是安全的。人们要怀着尊重来说话和聆听。要有充满活力的讨论和辩论。不允许主宰讨论。

13．建设性的冲突

鼓励不同意见，冲突可以通过参会者提出问题、识别优势、界定问题并寻求新的可以最大限度地发挥优势和减少问题的方式来解决。

关闭与跟进

14．回顾决策和行动

在虚拟会议期间，所有出现的与讨论内容不适当的问题都会被放到一个问题清单中；将决策和要采取的行动记录下来。在关闭虚拟会议之前，所有的问题、决定和行动都要进行回顾，并对行动进行恰当的分配。

15．总结

虚拟会议之后，分发会议记录给所有参会者，来确认问题、决策、行动和相关分析。

16．跟进行动

要落实跟进流程，确保所有分配的行动都能被执行。

卓越虚拟会议主持人做什么

虽然了解了卓越虚拟会议的特征，但是会议主持人最终负责确保虚拟会议是卓越会议。在第 2 部分中，你会发现准备、开始、运行、关闭与跟进虚拟会议的细节。

下面总结了虚拟会议主持人的作用。

准备

1. 确定虚拟会议的类型、目的与产出。
2. 选择参会者，为虚拟会议安排一位合适的、受过培训的协调员。（我们发现，当有七到十位参会者时，安排一位协调员对于虚拟会议的成功来说非常必要。）
3. 找出可能需要解决的问题。
4. 制定会议议程。
5. 选择对于虚拟会议执行议程和确定参与策略要使用到的恰当流程。
6. 在会议召开前进行必要的讨论。
7. 选择虚拟会议平台，处理后勤工作。
8. 准备和分发虚拟会议通知。

开始

9. 创建虚拟会议室，包括将使用到的停车场。
10. 当人们来到虚拟会议室时，向大家问好。
11. 在虚拟会议开始前 2 分钟，提醒大家。
12. 通过陈述会议目的和产出开始虚拟会议。
13. 请参会者确定要讨论的关键议题。
14. 回顾会议议程；根据要解决的关键议题进行修改调整；为每个项目设定时限。
15. 提醒参会者注意基本规则和停车场。
16. 如果需要，进行自我介绍。

运行、关闭与跟进

17. 回顾之前的行动，以确保后续的跟进。

18. 对于每项议程（FIRST CLASS）：

- **F**ocus——通过向参会者解释所安排的项目是如何促进会议目标的，使参会者保持专注。
- **I**nstruct——通过清晰而简明地说明议程的各项目将要如何实施，为参会者提供**指令说明**。
- **R**ecord——**记录**在虚拟会议期间收集的相关信息，确保这些信息都被记录下来。
- **S**tep——通过使用适当的信息收集流程，**有步骤**地引领参会者完成议程。
- **T**rack——**跟踪**时间，以确保参会者恰当地使用时间。
- **C**ontrol——快速有效地**控制**和解决失当行为。
- **L**isten——**倾听**离题的讨论，将这些议题放到停车场中，以保持会议的聚焦。
- **A**ddress——**解决**出现的分歧或冲突。
- **S**eek——**征求**所有的意见，用各种方式调动参会者的积极性。
- **S**ummarize——**总结**并关闭会议。

19. 关闭会议。

- 回顾会议中讨论过的所有议项。
- 确定做出的决策。
- 处理悬而未决的问题。
- 布置行动。

20. 执行会议跟进。

- 整理和分发会议记录。
- 会议跟进以确保人们对行动负责。

卓越虚拟会议中参会者的作用

正如会议主持人在创建卓越虚拟会议中要起到一定的作用一样，参会者也应该这样做。表 2.1 总结了参会者在卓越虚拟会议中能做和不能做的事项。

表 2.1　参会者在卓越虚拟会议中的作用

能　做	不 能 做
准时参加，为会议做好准备，阅读所有事先提供的材料，并了解如何使用虚拟会议平台	迟到，没有做准备，或不会使用虚拟会议平台
尊重所有出席者	在别人发言时说话，以一种居高临下的口气说话，当别人说话时，对说话的人进行口头攻击或打断别人，或者与其他参会者进行私聊（除非这种行为对于小组来说是可接受的）
先讲积极观点	从负面评论开始
当你不同意或不理解时，说出来	尽管有意见分歧也保持沉默
如果不是视频的方式，在每次发言时告诉大家你的名字，直到参会者都熟悉了彼此的声音和名字	不说名字就发言
营造分享氛围，让别人有机会发言	主导讨论
分享意图和所有相关信息	隐藏意图，隐瞒信息，或隐瞒相关问题
通过提问来寻求理解	当你不说话，或者只专注于你想听到的观点，没有听别人的观点时，你脱离了会议
寻求满足所有需求的双赢解决方案	坚持你的观点是正确的，所有人都错了
聚焦于主题并且保持警觉	偏离主题，或者做其他工作（如用手机、平板电脑等回复即时通信、电子邮件等）
在整个会议期间都保持出席	在会议完成或预定的议程完成前离开

培训在实现愿景中的作用

就卓越虚拟会议是什么样子的愿景达成一致还不足以使这种愿景变为现实。卓越虚拟会议不是自己发生的，相比于面对面会议来说，虚拟会议需要更多的规划、更多的准备、更专注的执行。

遗憾的是，随着虚拟会议变得越来越普遍，我们发现大多数人都试图将他们在面对面会议中普遍糟糕的习惯转化到更具挑战性的虚拟世界之中。为什么我们要说这些习惯“普遍糟糕”，主要是考虑到以下几点。

- 在面对面会议召开之前，有多少主持人界定了明确的目的和产出呢？
- 这些主持人中，有多少人欢迎不同的观点，并知道如何巧妙地运用分歧创造更好的解决方案呢？
- 有多少人明白为什么在会议中会出现各种失当行为，并且知道如何占领先机呢？
- 有多少人会使用多种策略来让人们保持专注和参与呢？
- 在面对面世界中，这些技能的缺乏往往会导致高比例的无效果、低效率及缺乏参与的会议。遗憾的是，我们看到同样的现象在虚拟世界中在成倍地增加，在虚拟会议中，缺乏参与是非常致命的。

虽然有一些虚拟会议的培训课程，但大多数课程的设计并不是来解决这些缺乏的技能的。相反，许多虚拟世界的培训课程将大多数时间集中在了教授参会者如何使用工具上。运行卓越虚拟会议的技能往往变成了后来添加的内容，所占的培训时间的比例很小，如图 2.2 所示。

图 2.2 许多虚拟会议培训课程的重点

将培训重点放在如何运行卓越虚拟会议上，这一点有多重要呢？GoToMeeting 公司高级产品营销经理 Eric Bensley 建议，在举办虚拟会议培训时，至少 90%的时间应该放在培训大家如何运行高效的虚拟会议上，而不是将主要精力放在如何使用虚拟工具上。正如他所说的，“如果你不得不花钱去培训如何使用工具，可能是因为你买错了工具”。

虚拟会议培训的推荐方法

图 2.3 展示了一个更为综合的虚拟会议培训方法，其中，培训的重点是如何运行卓越虚拟会议。使用这种方法，工具的掌握被整合在了培训之中，使你在学习如何巧妙地进行规划、准备及执行虚拟会议的同时学会如何使用这些工具。

图 2.3 推荐虚拟会议培训的重点

我们认为，一个综合性的培训方法应该提供一些关键技能。在这里，我们特别列出了十个技能。

- 虚拟会议的规划步骤是什么？
- 根据规划，如何提前准备虚拟工具？
- 如何以一种让人们立即参与进来的方式来开始会议？
- 随着议程的推进，如何让人们保持专注？
- 有哪些吸引参会者的方式？针对不同的方式，如何使用虚拟工具？
- 如何使用提问有效地让参会者对结果产生拥有感？
- 在会议前，需要做些什么来防止失当行为？
- 虚拟会议中常见的失当行为有哪些？如果这些行为出现，应该怎么做？
- 人们出现分歧的主要原因是什么？要处理分歧，可以采用什么样的策略？
- 如何完美地关闭会议？

当然，我们提倡使用这样的综合方法，我们也正是这样应用的。本书第 2 部分和第 3 部分将为你提供一些解决上面列出事项的策略。此外，你可以在本书末尾的美国韬略公司介绍中找到更多关于虚拟会议培训方法的信息。

什么时候会议不需要使用虚拟方式

虚拟会议可以是获得必要互动的一种有效方式，但也并不总是适合的。虽然对于哪些会议应该采取面对面方式召开，哪些会议应该采用虚拟方式召开并没有一定正确或错误的答案，但图 2.4 给出了一个评估的方法。

		如果采用虚拟方式会失去效力		
		低	中	高
面对面会议所增加的成本	高	虚拟	虚拟	?
	中	虚拟	?	面对面
	低	?	面对面	面对面

图 2.4 评估是否使用虚拟会议的方法

本图所总结的主要结论包括：

- 在大多数情况下，如果你将面对面会议与虚拟会议的费用进行比较，面对面会议的成本会更高。这些费用中，比较大的费用包括召开会议需要时间从而产生的相关费用、与会议相关的旅行费用，以及必需的额外的设施费用等，如表 2.2 所示。

表 2.2　面对面会议与虚拟会议的差旅成本比较

（七人会议，两人本地，五人外地，为期两天的虚拟会议）

面对面会议	费　用	虚拟会议
$2 000	机票费用（平均机票费用$400/外地参会者）	$0
$250	本地交通费（$50/外地参会者/从机场到酒店往返）	$0
$400	餐费（$40/外地参会者/每天，共两天）	$0
$250	里程费与停车费（$50/外地参会者）	$0
$0	设备成本、会议室费用（如有）	$0
$2 900	总费用	**$0**

- 这往往意味着，任何一次面对面会议的成本都要更高一些，那么经济上比较谨慎的做法就是召开虚拟会议。
- 然而，在许多情况下，召开虚拟会议在有效性方面会有所损失。损失可能是由于人们没有持续地专注在任务上、无法读取人们的身体语言等。通过掌握本书所提供的参与策略，你将能够更好地解决这些挑战。如果你止在使用虚拟会议平台，你可以使用第 3 章提供的有效性和产品层级表，将其作为一个指南，从理论上来说确定，根据你所选择的平台，你将会失去多少参与性和生产力。
- 在一般情况下，当面对面会议的额外费用比较低或者虚拟会议有效性的损失比较高时，应该使用面对面会议的方式。
- 在大多数情况下，当面对面会议的成本高或者虚拟会议的有效性的损失比较低时，应该使用虚拟会议的方式。
- 当面对面会议的额外费用和虚拟会议的有效性的损失都处于低、中或高水平时，组织可以根据它的偏好来做决定。对于偏好于采用面对面互动方式的组织来说，他们很可能会选择现场面对面会议；对那些偏好选择虚拟会议的组织来说，则可能会选择采用虚拟会议的方式。

注意，只有在最近这种技术比较先进的情况下，人们才开始讨论每一场会议是否要选择采用虚拟的方式。我们认为早期虚拟工具的缺乏意味着，虚拟会议的有效性的损失是如此之高，图 2.4 中的“低”那一列基本上都不存在。还有一些组织对于虚拟会议的方式仍然感觉非常不舒服，这张图中的所有九个空白处基本上都会被贴上“面对面”的字样。

随着降低成本压力的持续增加、技术的不断进步，新一代的商务人士习惯于进行虚拟的连接。这些因素的结合，使得虚拟会议的未来增长成为必然。

特殊话题：会议类型

要开展卓越虚拟会议，就要认识到有三种基本会议类型，这一点非常重要：日常会议、工作会议和战略会议。会议类型的确定主要依据参会者是否将其主要焦点放在回顾、创建或制定方向上，如表 2.3 所示。

表 2.3 会议类型

	日常会议	工作会议	战略会议
会议重点	回顾	创建	制定方向
会议流向	单向为主	双向为主	双向为主
典型的产出	信息更新、想法产生、反馈	决策、问题解决方案、行动计划	战略方向、董事会规划、优先事项
小组规模	没有限制	3~16 人	3~16 人
典型时长	30~90 分钟	1~3 小时	1~4 天
典型频次	每周、每月	根据需要	每季度

尽管典型的战略会议通常需要 1~4 天，但为此目标召开虚拟会议却并不常见（虽然在我们自己的工作中，我们已经做过很多次了）。因此，在下面的讨论中，我们重点讨论日常会议和工作会议在虚拟环境中的差异。为了便于进行讨论，你可以把战略会议看作延长了的工作会议。

不同之处

- 虚拟日常会议的目的是回顾进展情况或获得反馈，而虚拟工作会议的目的是做出决策、行动计划或其他产出，而虚拟战略会议的目的是设定方向。
- 虚拟日常会议主要是单向沟通，因此可以有 3 人、30 人或者 300 人。但是，参会者的数量可能影响到你的虚拟会议平台的选择。
- 虚拟工作会议需要双向沟通，参会者的人数应该少得多。在选择合适的虚拟会议平台时，参会者的数量是一个重要因素。
- 虚拟日常会议的时间往往比较短，因为它们是回顾式会议，而虚拟工作会议往往需要更长时间，因为创造通常需要花费更多时间。

虚拟日常会议的常见问题

遗憾的是，虚拟日常会议的一个最为常见的问题是，它们变成了工作会议！也就是说，在虚拟日常会议的中间，会议领导者发现了一个问题，并且会在虚拟日常会议期间花时间来寻找解决方案。

为什么一个虚拟日常会议包括解决问题环节会成为一个问题呢？让我们提出一个假想的但相当常见的例子。想象一下一个虚拟日常会议中，有会议主持人和 10 位其他参会者。

日常会议问题示例

- 为时 1 小时的虚拟会议中，10 名成员中的每名成员都被分配 5 分钟的时间来提供最新状况，有 10 分钟的时间可以根据需要进行调用。会发生什么呢？
- 轮到第四个人时，10 分钟的缓冲时间已经被两个问题解决过程吃掉了。
- 在每个解决问题的过程中，那些不参与讨论的人在等待时开始发电子邮件或短信，等待着日常会议继续进行。
- 轮到第七个人时，只剩下了 10 分钟的时间，10 分钟时间要在最后的四个人中间分配，所以他们的回顾就非常匆忙。
- 第十个人有一个紧迫的问题，而这一问题比其他任何一个多占用时间的人的问题更加重要。

解决虚拟日常会议问题

- 你可以使用一半的时间来更新状况和识别问题，用另一半的时间来处理找出来的最关键问题，从而避免将虚拟日常会议变成虚拟工作会议。
- 对于虚拟日常会议，考虑在会议之前提前发布状况和问题，以便让所有参会者都可以提前对这个事项进行了解。
- 在虚拟日常会议过程中，当一个重要问题被确定出来时，虚拟会议主持人应该将问题添加到虚拟日常会议关闭后待处理的事项列表中。
- 一旦所有事项的状态回顾完成后，虚拟会议主持人应该回顾急需解决的问题，并为它们分配适当的时间，继续与关键参会者开会。
- 而对于所有其他人来说，虚拟日常会议已经关闭了！

虚拟工作会议的常见问题

虽然虚拟工作会议是专门为解决问题而设计的，而虚拟战略会议是为设定方向而设计的，但这两个虚拟会议类型都有趋势成为另外一个虚拟工作会议。让我们以召开一个虚拟工作会议来处理招聘流程问题为例来进行说明。

虚拟工作会议问题示例

- 讨论从确定一些问题开始，包括这家组织的健康保险供应商的成本和服务水平。
- 一个人建议，如果在人力资源内部有更多的多样性，或者有更多的供应商名录可供选择，我们也许可以选择一家不同的供应商。
- 接下来是一段 20 分钟的辩论，辩论人力资源和供应商是否需要有多样化的选择。

在案例中，尽管该团队正试图从医疗保险供应商的成本和服务水平那里找到根本原因，但他们可能已经失去了对核心问题的洞察：招聘流程的问题，以及如何解决这些问题。相反，他们讨论的是一个新的课题：人力资源的多样性。大家将在第 3 部分看到，面对在话题间跳跃者和唱反调者，会议的引导者应该如何回应。

解决虚拟工作会议的问题

“关于多样性的讨论可能是一个非常好和值得投入研究的观点。我们可以先把那点放在我们要讨论的潜在问题清单上，回到找出直接影响我们招聘流程的其他问题吗？”

了解虚拟日常会议、虚拟工作会议和虚拟战略会议之间的区别，将指导你选择合适的目的、产出和参会者，这些内容将在第 2 部分谈及。

减少会议

我们通过聚焦在减少不必要的会议这一方向，来总结本章构建卓越虚拟会议愿景的内容。会议，无论是面对面方式还是虚拟方式，都需要花费时间和使用资源。因此，如果不召开会议也能取得高质量的成果，那么往往是首选。

减少虚拟日常会议

- 如果虚拟会议只是为了“传递信息”，可以考虑使用发放备忘录或使用语音信箱的方式。
- 如果在两次虚拟会议之间不需要采取什么行动，那么可以考虑减少召开这些会议的频次。

减少虚拟工作会议和虚拟战略会议

- 布置分析任务，在会议外完成分析工作。
- 以书面形式撰写初步决策并分发下去请大家评论。考虑将分析张贴出来，以便大家在虚拟会议室中可以看到。

召开虚拟会议之前要问的问题

如果有人要求你参加一个虚拟会议，或者如果自己想召开一个虚拟会议，要提出以下几个问题。

- 召开会议的目的是什么？
- 如果不召开会议，有可能达到目的吗？
- 相比于虚拟会议所要消耗的时间和资源来说，要达到的目的值得吗？

总结：构建虚拟会议愿景的策略

总之，为了提高组织中虚拟会议的有效性，我们建议你和你的团队在构建虚拟会议的愿景时，使用本章所提出的策略：

策略 1　确保你的团队理解虚拟会议和面对面会议所面临的共同问题以及虚拟会议所面临的特有问题。

策略 2　构建优秀虚拟会议的愿景，解决这些共同的和特有的问题。

策略 3　定义和沟通虚拟会议主持人的角色和虚拟会议参会者的角色。

策略 4　告知会议主持人和参会者不同会议类型之间的差异，以及他们所适用的情境。

策略 5　让会议主持人和参会者学会提出一些问题，以决定会议是否真的有必要召开，从而减少不必要的会议。

策略 6　评估哪些会议需要通过虚拟方式召开而非面对面方式召开，记录召开虚拟会议所节约的成本。

第 3 章

选择虚拟会议平台

☑ 虚拟困境

☑ 参与和产出水平

☑ 虚拟会议平台概览

☑ 虚拟会议平台的产品层级

☑ 虚拟会议平台的选择与比较

☑ 功能术语

☑ 选择虚拟会议平台的步骤

☑ 总结：选择虚拟会议平台的策略

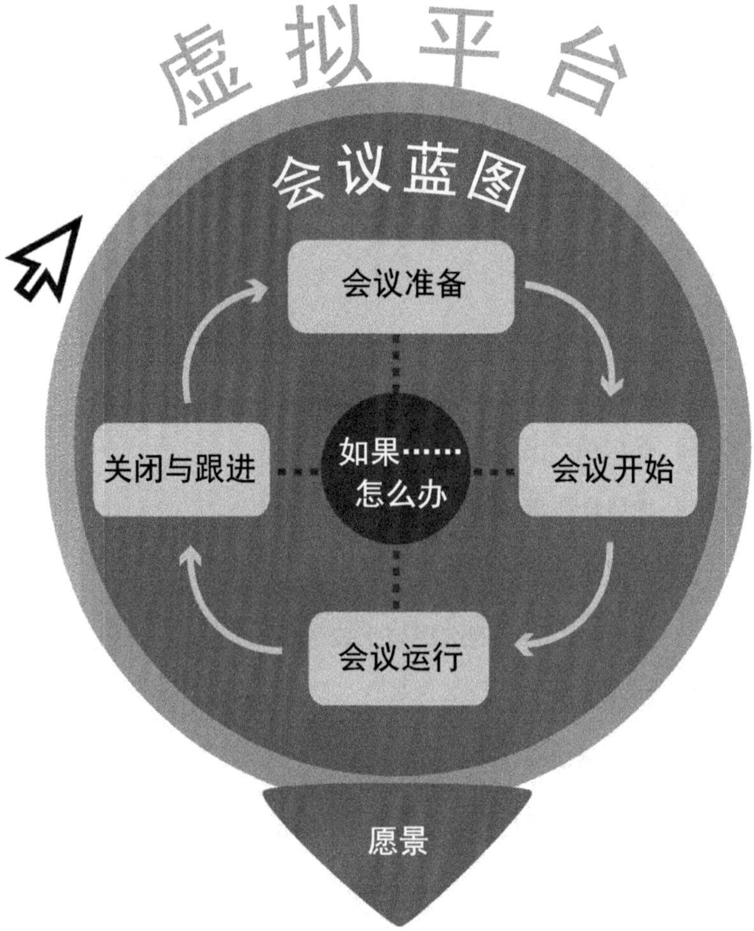
虚拟平台
会议蓝图
会议准备
会议开始
会议运行
关闭与跟进
如果……
怎么办
愿景

虚拟困境

当你开始为一个改进绩效评估流程的跨职能工作小组进行虚拟会议规划时，你意识到，其中的一部分任务包括选择性虚拟会议的规划与实施工具。在调查众多的虚拟会议平台之后，你意识到这个选择的多样性远远超出了你的预期。你本以为这是典型的 Windows 操作系统和 Macintosh 操作系统之间的选择，没想到却变成了极其复杂的选择困境。你会意识到，你的任务能否取得成功，部分取决于你对平台的选择决策。

你所面临的一些问题如下：

- 你应该用什么标准来评估供应商所提供的召开虚拟会议的平台？
- 既然有一些无成本的选择，你应该选择其中一个来为公司省钱吗？
- 想要开展卓越虚拟会议，你需要的关键特征和功能是什么？

你的选择对于人力资本副总裁来说非常重要，因为会议的结果会影响到整个组织。在你的工作小组会议取得成功之后，你所挑选的虚拟会议平台很可能被更广泛的受众所使用。你要确保这个虚拟会议平台的选择决定是正确的。

你应该如何选择和决定哪个平台适合你？

在本书出版之际，有超过 50 个虚拟会议平台可供选择。在本章中，我们提供了一个框架，该框架以这些虚拟平台所支持的关键功能为基础，将这些平台分成了不同的层级，从而帮助你梳理纷乱信息。然后，我们为你提供了一个帮助你确定应该将考虑的重点放在哪个层级上的流程，并提供在该层级上选择最合适的工具的方法。让我们先从了解虚拟会议平台会如何影响参会者的参与度和产出开始。

参与和产出水平

你所使用的虚拟会议平台可以增强小组的参与水平。当然，会议主持人的技能、参会者的动机以及其他因素都会影响到参与度和产生。但一般来说，虚拟平台的功能也可以为参会者提供参与基础。如果我们将主持面对面会议时的小组平均参与和产出水平（LEP）设定为 10 分，将电话会议的平均 LEP 设定为 1 分，表 3.1 为我们提供了虚拟会议平台的性能对于商务会议的 LEP 的影响程度的估分。

表 3.1 参与和产出水平

虚拟会议平台功能	LEP	说明
只有音频（电话会议）	1	人们彼此能相互听到
音频和桌面共享	3	人们能够彼此听到，查看相同信息
音频和视频	4	人们能够彼此听到，彼此看到
音频、视频和桌面共享	6	人们能够彼此听到，彼此看到，查看相同信息
音频、视频、桌面共享和白板	7	人们能够彼此听到，彼此看到，查看相同信息，同时提供书面输入
音频、视频、桌面共享、白板和划分小组	8	人们能够彼此听到，彼此看到，查看相同信息，同时提供书面输入，能够在小组中开展工作
面对面会议	10	人们能够彼此听到，彼此看到，查看相同信息，同时提供书面输入，在小组中工作，充分观察到非语言沟通和身体互动（如握手）信息

在这个表中，有三个特别值得强调的观点。

- 我们认为，使用音频和桌面共享功能（3 分），在提升参与度和产出方面，相当于只使用音频（1 分）的三倍。我们发现，使用桌面共享平台可以为讨论提供关注的中心，通常会产生更快、更具合作性的结果。

- 增加白板和视频（8 分）的参与和产出水平是使用音频和桌面共享（3 分）的两倍以上。当人们可以看到彼此，同时能够提供书面输入时，参与和产出水平会出现跳跃式的增长。
- 鉴于这些功能的各种组合所能提供的参与和产出水平的不同情况，我们使用这个信息帮助定义产品层级，并将在下面进行介绍。

虚拟会议平台概览

你如何选择一个虚拟会议平台呢？对于许多虚拟会议主持人来说，可能你根本不需要对虚拟平台做出选择。因为，你的组织可能已经选用了一个平台。但是，如果需要选择一个虚拟会议平台的话，你会发现，有 50 多个平台供你选择，这些平台都有着不同的、广泛的功能范畴。

虚拟会议平台领域正在迅速变化。后来者迅速加入该领域的竞争之中，而一些老的引领品牌却逐步变成“落后者”，有一些甚至由于新产品的出现而日薄西山。在写本书的时候，我们将虚拟会议平台划分为四个产品层级，如表 3.2 所示。

表 3.2　产品层级表

1	全功能*	包括基础功能，如视频和桌面共享，也包括诸如注释、分组、投票和白板等先进功能
2	基础功能	包括基础功能，如视频和桌面共享，但通常不包括以下一个或多个功能：注释、分组、投票和白板
3	有限功能	不包括一个或多个基础功能，如视频或桌面共享，或支持少于 15 人在线
4	特殊目的	为特定目的或特定观众提供功能

注：*本章稍后会给出关于这些功能定义的词汇表。

虚拟会议平台的产品层级

表 3.3 将写该书时可以使用的数量众多的平台进行了分类。

表 3.3 视频会议平台产品层级

	1 全功能	2 基础功能	3 有限功能	4 特殊功能
Adobe Connect	×			
Live Meeting	×			
Spreed	×			
WebEx	×			
ClickMeeting		×		
4Webcom		×		
GoToMeeting		×		
RHUB		×		
WizIQ		×		
Hangouts			×	
Join.Me			×	
Lync			×	
Skype			×	
Blackboard Collaborate				×
Power Noodle				×

虚拟会议平台的选择与比较

为了给大家提供各个平台的区别，表 3.4 总结了在写本书时正在使用的六个受欢迎程度比较高的虚拟会议平台的功能，选取了前三个产品层级中的两个平台。

表 3.4　虚拟会议平台选择比较

		Adobe	Cisco	Citrix	Implix	Google	LogMeIn
		Adobe Connect	WebEx	GoTo-Meeting	Click-Meeting	Hangouts	Join.Me
	产品层级	1	1	2	2	3	3
高级功能	注释功能	是	是	否	否	否	否
	分小组会议空间	是	是	否	否	否	否
	投票	是	是	否	是	否	否
	白板	是	是	否	否	否	否
基础/有限功能	聊天	是	是	是	是	是	是
	桌面共享	是	是	是	是	否	是
	记录	是	是	是	是	否	否
	转换鼠标控制	是	是	是	是	否	否
	转换演示者	是	是	是	是	否	否
	视频/网络摄像头	是	是	是	是	是	否
	网络电话	是	是	是	是	是	是
其他功能	异步功能	否	否	否	是	否	否
	协调员	是	是	是	是	否	否
	参会者人数上限	100	100	25	1 000	10	250
成本	每位参会者使用费用	是	是	否	否	否	否
	成本	$$$	$$	$$	$	NC	NC

功能术语

表 3.4 所示的每个功能的描述如下，描述顺序按照它们在图中出现的顺序来排列。

高级功能

- 注释功能：允许参会者直接对着正在显示的虚拟会议内容进行输入。
- 分小组会议空间：允许会议主持人建立参会者小组，他们可以通过声音来开会和互动，并且，在虚拟会议期间，在单独分开的“房间”里还有一个共同的白板——很像在面对面会议上所使用的分组会议。
- 投票：在虚拟会议期间，允许会议主持人准备参会者要回答的调查问题。
- 白板：允许会议主持人为演示者和其他参会者提供打字的空间以记录大家的说法（白板与面对面会议中的活动挂图类比）。

基础/有限功能

- 聊天：在会议进行中，允许参会者向个人或整个小组发送消息。
- 桌面共享：允许会议参会者查看主持人的桌面（在某些平台上，共享可以被转移给其他参会者和会议主持人）。
- 记录：允许记录会议信息，以便在虚拟会议关闭后查看。
- 转换鼠标控制：在虚拟会议期间，允许会议引导者将鼠标控制权转移给其他参会者。
- 转换演示者：允许会议主持人将演示控制权转移给其他参会者，该参会者作为演示者，可以与其他人共享桌面或执行其他演示者拥有的功能。
- 视频/网络摄像头：在虚拟会议期间，允许参会者通过使用摄像头的视频传输看到彼此。

- 网络电话：在虚拟会议期间，允许使用网络电话进行语音沟通；此功能通常会取消使用电话来参加虚拟会议的需要。

其他功能

- 异步功能：与预定的会议时间截然相反，异步允许参会者随时访问会议室，并随时提供信息。
- 协调员：允许会议主持人通过给予协调功能的方式来“晋升”其他参会者，允许他们为虚拟会议的运行提供协助。
- 参会者人数上限：虚拟会议的虚拟参会者的最大数量（基于费用不同）。

成本

- 每位参会者使用费：在虚拟会议平台的任何许可证费用外，是否每位参会者还需要支付“使用费”。
- 成本：25 个用户使用列表所示功能的月度成本：NC /无成本，$/低于 25 美元，$$/低于 50 美元，$$$/低于 100 美元，$$$$/100 美元或更多。

选择虚拟会议平台的步骤

你如何选择虚拟会议平台呢？我们建议采用如下步骤。

1. **明确为什么、是什么和限制条件**。找出为什么该组织要开始使用虚拟的方式，在解决如何最好地满足需求之前的需要是什么。一定要找出具体的限制条件。

为什么	• 为什么该组织要转到使用虚拟会议？组织要完成的总体业务目标是什么？我们如何衡量虚拟会议的成功？
是什么	• 什么类型的会议会通过虚拟的方式召开？参会者的最大数目可能是多少？

限制条件	• 在选择虚拟会议平台时，我们必须考虑哪些限制因素（如预算、时间）？

2. **考察各种平台**。为了获得对于不同功能的理解，在每个产品层级中至少要考察两个或三个平台。
3. **明确最关键的产品功能**。在查看各种平台之后，明确关键的 3~7 个最能让你实现你的“是什么”和“为什么”的功能。
4. **根据产品层级缩小选择范围**。一旦选择了关键的产品功能，使用表 3.5 的产品层级选择矩阵，作为决定产品层级以及如何从该层级中选择产品的指南。

表 3.5　产品层级选择矩阵

	产品层级			
	1 全功能	2 基础功能	3 有限功能	4 特殊功能
要最大限度地提升参与度，有注释、分组、投票或白板很重要	√	排除		
为了提高产出，每个人都要看到彼此，看到引导者的桌面这很重要	√	√	排除	
超过 25 人需要同时参加虚拟会议	√	√	排除最多	√
虚拟会议平台必须是免费的	排除		√	排除

5. **选择平台**。一旦你缩小了产品层级，就可以在所选定的层级中考察可供选择的平台，根据限制条件选择一个最能满足你需求的平台。

总结：选择虚拟会议平台的策略

总之，为你的组织选择虚拟会议平台的策略包括如下几条：

策略 7　了解组织为什么要采用虚拟方式，需求是什么，一定要明确具体的预算限制和其他要求。

策略 8　查看各种平台，以了解功能。

策略 9　明确你需要的 3~7 个关键功能。

策略 10　根据关键功能缩小产品层级的选择范围。

策略 11　选择最能满足你的需求和限制条件的虚拟会议平台。

第 2 部分

运行虚拟会议

第 4 章

准　备

☑ 虚拟困境
☑ 确定会议目的
☑ 确定会议产出
☑ 确定会议的必要性
☑ 选择参会者
☑ 确定可能的问题
☑ 制定流程（议程）
☑ 选择虚拟平台
☑ 确定关键方法和时间
☑ 确定会议室、日期和时间
☑ 拟定并发布会议通知
☑ 根据需要召开会前讨论
☑ 准备虚拟会议室
☑ 选择基本规则
☑ 准备名单
☑ 准备开场白
☑ 回到虚拟困境
☑ 总结：准备策略

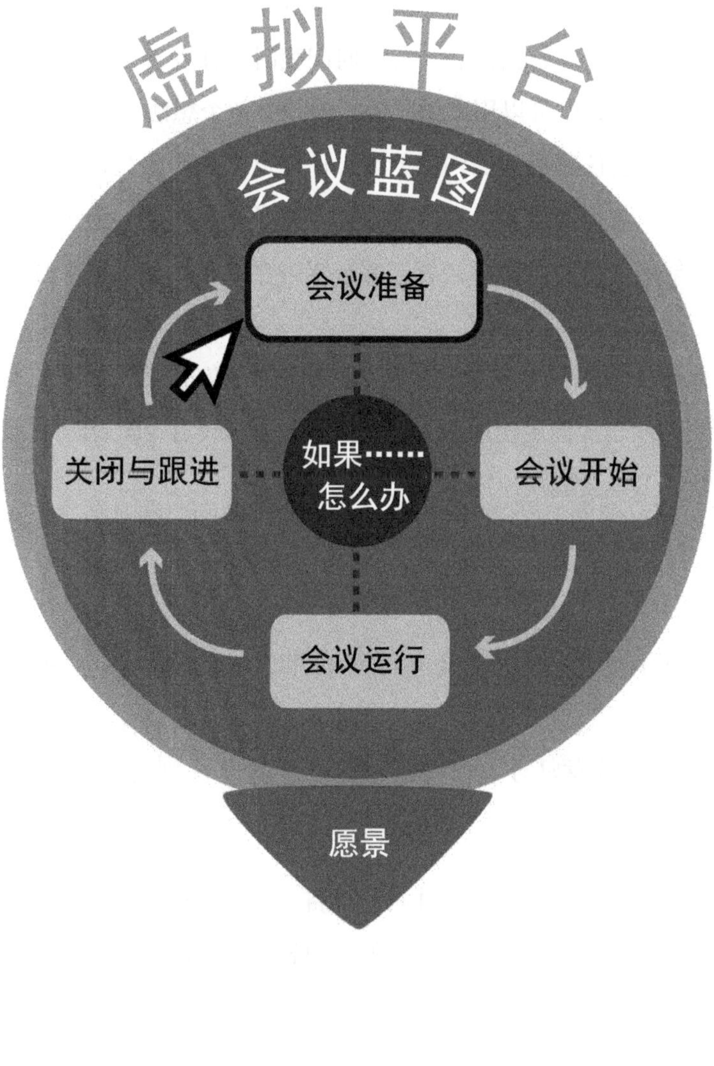
虚拟平台
会议蓝图
会议准备
会议开始
会议运行
关闭与跟进
如果……
怎么办
愿景

虚拟困境

自从你的老板指定你引导虚拟团队改进绩效评估流程以来，已经有两个星期了。离第一次小组会议还有不到一周的时间。遗憾的是，由于你还有其他紧急事项要处理，你还没有花时间来准备会议。当查看时间表时，你发现在会议召开前的三天，你仅有一个 2 小时的时段可以用来做准备。但是有两个想法特别让你担心。

- 如果第一次会议是面对面沟通的话，你知道至少需要花费 1 小时（如果不是全部的话）与你的老板见面，确认你理解了她的期望，为第一次会议制定议程，收集信息提前发给参会者，并且要为会议预订会议室。好吧，至少你不必预订会议室。
- 你不熟悉任何现有的虚拟会议工具。你之前曾经看到过别人使用一部分工具，并且你非常肯定使用工具将有助于小组的专注和产出——但你怀疑学习一个新的工具会消耗掉你所有的准备时间。

你不确定如何优先进行哪个。

在有限的虚拟会议准备时间里，我应该把重点放在学习如何使用一个虚拟会议的工具上，还是专注于搞清楚我想从会议中得到什么？

大多数会议的失败是由于缺乏计划和准备。本章提供了一个准备虚拟会议的框架，其中包括准备阶段要完成事项的清单，如表 4.1 所示。

表 4.1　准备清单

准备清单
❑ 确定会议目的。*
❑ 确定会议产出。*
❑ 确认会议的必要性。*
❑ 选择参会者。*
❑ 确定可能的问题。*
❑ 制定流程（议程）。*
❑ 选择虚拟平台。*
❑ 确定关键方法和时间。
❑ 确定会议室、日期和时间。*
❑ 拟定并发布会议通知。*
❑ 根据需要召开会前讨论。
❑ 准备虚拟会议室。*
❑ 选择基本规则。
❑ 准备名单。
❑ 准备开场白。
*推荐给所有会议

注意，并不是本章所列的所有项目对于全部虚拟会议来说都是必要的。例如，与下属召开的一对一会议的准备工作，就完全不同于与你的上级及其老板一起召开的、用来取得对于一个有争议的项目的认可的关键会议的准备工作。

对于表 4.1 来说，我们假定你需要准备一个关键会议。你要按照你经常引导的会议需求来调整这份清单。标星号（*）的项目表示，这些行动是每个虚拟会议都要求的，无论会议的重要性和参会者数量如何。

确定会议目的

通过确定准备阶段的 6P 来开始为你的虚拟会议做规划：目的、产出、参会者、可能的问题、流程和平台。目的确定了要实现的总体目标。要确定会议的目的，你要考虑以下问题：

- 我为什么要举行这次会议？
- 在会议中要实现什么？

目的陈述示例

- 确定改善绩效评估流程要采取的行动。
- 为组织制订一项战略计划。
- 确保在项目上取得令人满意的进展。

确定会议产出

产出是在会议中产生的具体项目，产出确定了会议的实现程度。你想要的产出可能包括一个或多个我们所称的 3H（hands，heads，hearts）。你要确定你希望人们在如下三个方面拥有什么：

- 手（可交付成果）。
- 脑（知识）。
- 心（信念）。

要确定你想从会议中得到的产出，给自己提出以下几个问题：

- 当会议结束时，我想看见哪些有形的产出或成果？
- 当会议结束时，我想让参会者的手中、脑中和心里有什么收获？
- 会议结束后的三个月，我如何才能知道会议是成功的？

产出示例

- 一份行动清单，包括要采取的步骤，由谁完成，何时完成。
- 一份使命宣言、指导原则、宽泛的总目标、可衡量的具体目标和具体策略。
- 形成向前推进、对成功的高期望。

确定会议的必要性

正如在第 2 章所指出的，会议，无论是面对面方式还是虚拟方式，都需要花费时间和资源。因此，如果不用举办会议就可以取得高质量的成果，不开会往往是首选。要确定一个会议是否必要，可以提出以下问题：

- 我召开会议的目的是什么？
- 会议应该产出的成果是什么？
- 如果不开会，有可能达成目的和实现产出吗？
- 与所取得的目的和产出相比，在会议上花费的时间和资源值得吗？

选择参会者

谁是虚拟会议合适的参会者？这取决于会议类型。

日常会议参会者

- 是那些需要了解的人或者他们的代表。

工作会议参会者

每个参会者应该：

- 理解这个议题；
- 与产出有利害关系；
- 被赋予权力做出决定或给出建议。

作为一个团队，参会者应该：

- 代表多样的沟通方式；
- 了解所学习项目的所有相关活动；
- 跨职能，代表所有与产出有主要利害关系的所有小组；
- 是从组织结构的不同层级中抽出来的（如经理、主管和员工）。

为了帮助你确定工作会议合适的参会者，可以考虑以下问题：

- 谁是将受到决策影响的人？
- 在会议过程中，他们应该有什么程度的参与？
- 谁的观点、参与和认同尤为关键，以至于他们必须参加或者进行演示？

确定可能的问题

一旦你知道了会议的目的、产出和参会者，下一步就是找出也许会影响会议成功的可能的问题。可能的问题通常分为三类。

可能问题的类别

- 主题：为了创造产出可实现的会议目的、议程需要涵盖的问题和其他事项。
- 陷阱：必须解决的困难事项，但如果处理得不好，可能会破坏会议。
- 题外话：与主题不直接相关，不需要被解决，但在会议中可能提出。

通过提前确定这些问题，你可以对议程安排和所使用的流程进行调整，以实现会议的目的。

可能的问题示例

- 在改善绩效评估流程方面，管理层愿意花多少钱？
- 我们如何确保我们的薪酬具有竞争性？
- 我们如何防止偏袒和裙带关系造成绩效评估的偏斜？
- 可以用技术来改善我们的做事方式吗？
- 管理层真的在寻找解决方案吗？
- 当前的根据绩效支付工资的机制可以完全废止吗？

要找出可能的问题，可以问自己或者向一个或多个参会者做调查，请他们回答下面的问题。

如何识别可能的问题

- 要达成会议的目的及产生成果，我们必须讨论什么主题？
- 对于目的或产出，参会者有什么样的问题或担心？
- 在实现目的和产出的过程中，我们可能遇到什么样的陷阱或无关话题？
- 还有哪些潜在的问题可能会阻碍我们实现目的和产出？
- 我们怎样才能确保会议不浪费时间？

制定流程（议程）

尽管目的和产出定义了会议的目的地，但流程或议程是到达目的地的路线图。它确定了达成目的、实现产出所需要的步骤，考虑到了参会者和可能的问题。

在本节中，我们提供了几个议程示例，希望能在你制定自己的议程时有所帮助。

议程的选择要最能代表你所确定的目的和期望产出。这些议程的引用获得了《引导的秘诀》一书的许可。

议程示例

- 问题解决
- 流程改进
- 项目规划
- 日常会议
- 战略规划
- 团队发展

问题解决

目的

明确问题；确定备选方案；或就一个备选方案取得共识。

产出

- 选择标准。
- 备选方案定义。
- 选定备选方案并辩护。

议程

A. 开始。

B. 问题是什么？

C. 在选择解决方案时，我们应该采用什么标准？

D. 备选方案有哪些？

E. 备选方案的优势和劣势是什么？

F. 是否有其他备选方案可以整合关键优势？

G. 我们应该选择哪个备选方案？

H. 回顾与关闭。

流程改进

目的

- 明确提高业务流程的效率和效益，应该做出的必要调整之处。

产出

- 新流程描述
- 执行计划

议程

A. 开始。
B. 该流程的总目标是什么?
C. 该流程现在的状况如何?
D. 问题和根本原因是什么?
E. 潜在的改进措施是什么?
F. 我们如何对这些改进措施进行优先级排序?
G. 新流程将如何发挥作用?
H. 我们将如何执行这个新流程?
I. 回顾与关闭。

项目规划

目的

- 确定一个项目的具体目标以及完成该项目所需要的资源和时间表。

产出

- 项目计划

议程

A. 开始。
B. 定义项目的目的和具体目标。
C. 界定项目的范围和产出。
D. 明确关键成功因素。
E. 提出整体方法。
F. 定义资源、持续时间、相关性和时间表。
G. 识别风险和意外事件。
H. 回顾与关闭。

日常会议

目的

- 确定一个部门、项目集或项目的状况。

产出

- 根据计划更新状况
- 要完成的行动

议程

A. 开始（一分钟签到）。
B. 提醒参会者整体部门的具体目标。
C. 回顾和更新上一次会议以来的行动事项清单。

D. 回顾小组所处的状态：取得的成就、下一时段的优先事项，以及之后要讨论的问题。
E. 将讨论议题进行排序并分配时间。
F. 解决问题。
G. 为下一次会议记录行动事项。
H. 回顾与关闭。

战略规划

目的

- 制定一个共享的愿景，并记录实现愿景的步骤。

产出

- 愿景与使命陈述。
- 总目标、具体目标与指导原则。
- 策略和优先事项。

议程

A. 开始。
B. 回顾情境分析。
C. 执行总目标、使命和愿景。
D. 制定具体目标。
E. 明确关键成功因素和障碍。
F. 制定策略和优先事项。
G. 记录行动计划。
H. 回顾与关闭。

团队发展

↘ 目的

- 提高团队协同工作的能力。

↘ 产出

- 团队愿景和团队规范。
- 我们的行动计划。
- 我们的监控计划和责任计划。

↘ 议程

A. 开始。

B. 是什么让团队有效？

C. 提出我们的团队愿景。

D. 定义我们的问题和障碍。

E. 确定达成愿景的策略。

F. 制订我们的监控计划。

G. 定义我们的责任计划。

H. 回顾与关闭。

↘ 可选的议程制定方法

议程示例表明了整个议程的目的和产出。制定议程的另一个方法是写明每项议程的目的和理想成果，如表 4.2 所示。

表 4.2 议程项的目的和理想成果

议 程 项	目 的	理想成果
资金预算	确保资金预算符合实际，符合组织的需要	允许继续进行
财务更新	报告当前和预计的财务状况	信息即可
合资伙伴候选人	获得董事会对于合资企业潜在合作伙伴的输入	潜在合作伙伴列表

当有许多不相关的议程项，且每个议程项都有独立的产出时，这种包含详细成果的议程制定方法是非常有帮助的。

↘ 定制议程

一旦选择使用一个议程作为你的起点，你就可以根据特定的目的、产出、参会者和可能的问题的特定情形来定制议程。

↘ 如何定制议程的示例

- 对于改善绩效评估流程的会议来说，你很可能使用流程改进议程作为你的起点。如果你知道有几位参会者对于旧的流程投入了很多，你可能需要在议程项 B 之后加入一个新的流程（“流程现在的作用情况如何”），如“当前流程的优势是什么”。
- 如果你正在为实施新的客户关系管理软件提出项目计划，你可能要知道参会者关心的地方在于缺乏对于项目（可能的问题）的管理支持。因此，你可能要加入一个 H 议程项：“我们如何确保管理层的认同？”
- 议程的设计应该为参会者创造一个“发散然后收敛”的体验。
  — 流程的早期部分应该打开参会者可以做的事项的各种可能性。在这各部分，应该找出很多潜在方法。
  — 在流程的后半部分应该缩小可能做的事项的可能性范围，落到将要实施的策略或建议上来。

选择虚拟平台

6P 的最后一个“P”是确定你的虚拟平台。选择最能支持参会者执行议程和达成目的与产出的最佳平台。要考虑你的时间、资源和技能。如何选择最适合你所需平台的其他信息，请见第 3 章内容。

确定关键方法和时间

尽管会议的议程确定了在会议上发生什么，但你所选择的方法将决定每项议程将如何完成以及完成所需要的时间。在第 8 章中，你会发现如下标准信息收集流程的详细说明。

信息收集流程示例

- 头脑风暴
- 反馈
- 分类
- 列清单
- 调查
- 优先级排序
- 问答
- 轮流
- 分组
- 竞速反馈

既然虚拟会议的基本问题之一是保持让人们充分投入和参与进来，我们强烈建议你规划一些有意义的、互动的活动，能够每 10~20 分钟对所有参会者进行一次调动。

在这个准备步骤中，你要考虑如何使用虚拟平台为每项议程准备详细的议程安排。对于每项议程来说，详细的议程安排描述了你要使用什么样的信息收集流程来收集信息，以及你要使用虚拟平台的什么功能。我们在本章随后的部分提供了一个绩效评估会议的详细的议程示例。

预估时间

要估计一项议程的持续时间，考虑估算下列事项。

- 介绍：介绍议程项需要多少时间？通常情况下，需要 1~5 分钟，尽管一些议程的介绍可能需要更多的时间。
- 单位时间：完成一条事项需要多少时间？通常是 1~10 分钟。例如，在绩效评估流程中明确每一步骤可能只需要 2 分钟的时间。
- 单项议程条目数：可能要确定多少个条目？在我们的绩效评估流程的例子中，我们假设需要 20 个步骤。
- 结尾：在所有条目都已经明确之后，需要多长时间来结束讨论？让我们假设会再花 5 分钟。

计算时间的数学公式如下：

一项议程的时长=介绍+（单项议程条目数×单位时间）+结尾

对于上面的例子来说，所需的时间计算如下：时长= 5 +（20 个步骤 × 2）+ 5 = 50 分钟。

详细议程示例

表 4.3 是一个详细议程示例。“虚拟细节”部分介绍了会议引导者如何使用虚拟平台来执行每项议程。请注意，这是一个系列会议的议程。我们通常建议，任何一次虚拟会议的时间都不要超过 2 小时。

表 4.3 详细议程示例

会 议	绩效评估流程：团队会议
目 的	**产 出**
确定我们将要采取的改进绩效评估流程的行动	• 对拟议的绩效评估流程的描述 • 执行计划

准备
• PPT 文件 • 流程的目标和通过前期访谈所收集的当前流程步骤 • 问题（20 个矩形）和根本原因（8 个圆形） • Word 文件 • 停车场：问题清单、决策清单、行动计划清单 • 对流程总目标和目前流程步骤的建议 • 白板 — 关键主题 — 流程优势 — 潜在的改进项（根据根本原因分类的白板） • 投票工具：对改善措施进行投票

A. 开始	
流 程	列出参会者要讨论的关键议题；将主题分成几类
虚拟细节	• 让参会者将他们的主题写在白板上 • 将白板上的议题条目推送给大家
时 长	10 分钟 ［2 +（12 议题 × 0.5）+ 2］

B. 流程的总体目标是什么？该流程目前的运行情况如何？	
流 程	演示目前的流程目标和步骤，根据建议提供相应更新

续表

虚拟细节	• 将基于前期访谈的目标和步骤列在 PPT 文件上 • 分享到桌面上，让所有人都可以看到 • 用一半的屏幕展示当前的目标和流程，利用轮流形式来收集添加、更改和删除的建议（在屏幕的第二个面板中用 Word 文件记录下来） • 在收集完所有的变更建议后，回顾每个变更项，询问是否有任何异议。如果没有，就做出调整；如果有，使用少数服从多数原则来处理
时　　长	45 分钟［10 +（6 项变更 × 5）+ 5］

C．当前流程的优势是什么？	
流　　程	对优势进行头脑风暴
虚拟细节	• 使用白板来收集优势 • 如果大家同意之前已经提到过的一些建议，可以在那些说法旁边做出“同上”的标记
时　　长	10 分钟［2 +（12 个优势 × 0.5）+ 2］

D．问题和根本原因是什么？	
流　　程	请团队列出流程存在的问题，然后根据共同的根本原因对问题进行分组
虚拟细节	• 提前准备一个大约包括 20 个方形（问题）和 8 个圆形（根本原因）的 PPT 文件 • 使用桌面共享显示 PPT 文件。利用轮流形式收集问题。在大家提出问题的时候将每个问题输入方形中 • 一旦确定了所有问题，就回顾每个问题，并问：“这个问题为什么会发生？”使用绘图工具，将每个问题连接到一个或多个根本原因
时　　长	60 分钟 ［5 +（12 个问题 × 4）+ 7］

E．潜在的改进措施是什么？	
流　　程	带着解决根本原因的焦点，头脑风暴流程的改进之处

续表

虚拟细节	• 提前将白板分为几块，每块一个根本原因 • 给出（动词—宾语—目的）的改进措施格式，在其中一个白板上输入一个示例 • 给出头脑风暴的指令，请参会者记录回答
时　　长	15 分钟 ［2 + （20 项改进 × 0.5）+ 3］

F. 我们如何对这些改进措施进行优先级排序？	
流　　程	将改进建议进行适当的整合，并使用少数服从多数原则对每个潜在的改进措施进行投票
虚拟细节	• 白板上仍然保留改进建议，回顾每条建议 • 表明对于每条建议，你需要一位“支持者”进行支持发言，并需要某个人进行反对发言。这两个人都要演示一个案例，然后寻问其他人的意见 • 使用投票工具对一条改进建议进行投票，然后进行下一条 • 如果没有人愿意担任某个改进建议的支持者，该建议即被排除；如果没有人反对该改进建议，该建议即被自动接受，不需要进行投票 • 给要实施的改进建议标上星号
时　　长	70 分钟 ［5 +（20 项改进措施 × 3）+ 5］

G. 新流程将如何发挥作用？	
流　　程	假设该改进建议被实施了，使用一个清单来让小组用新的流程更新原有流程
虚拟细节	• 使用桌面共享 PPT 文件，请每条改进建议的支持者确认，基于这些改进建议，流程会发生什么样的变化 • 在 PPT 文件中做出更改
时　　长	75 分钟 ［5 +（8 项改进 × 8）+ 6］

H. 我们将如何执行这个新流程？	
流　　程	列出执行新流程所需的必要行动步骤

续表

虚拟细节	• 提前制定一个 Word 文件的行动计划表 • 使用桌面共享和行动计划表，询问每条被接受改进建议的支持者，以确定实施该改进建议的一至三个必要步骤，然后记录在表中 • 询问谁来执行每项行动，如果那个人在会议室中，询问那个执行行动的人并请此人提供完成该行动的日期
时　　长	30 分钟 ［(3 +（8 项改进 × 3）+ 3)］

I. 回顾与关闭。	
流　　程	回顾已经完成的工作；回顾停车场；评价会议；讨论下一步计划；关闭会议
虚拟细节	• 提前为问题列表和决策列表，以及上面所描述的行动计划表准备一个 Word 文件 • 随着会议的进展，在文件中记录问题、决定和行动（如果合适的话，采用桌面共享模式） • 在关闭会议前，对问题、决定和行动清单进行的回顾阅读
时　　长	15 分钟 ［3 +（10 项 × 1）+ 2］

确定会议室、日期和时间

当参加虚拟会议的人中，有多人来自同一地区时，我们建议他们在会议期间能够集中在同一个房间内。让人们物理上集中在一起，即使在一次虚拟的会议上，也会有两个重要的好处：

- 在保持专注、避免多任务诱惑方面，他们可以彼此监督。
- 他们可以更容易地进行互动，解读肢体语言，并做出适当的反应。

根据在同一地点人数的多少，实体会议室可以是一个会议室，也可以是某个参会者的办公室。

会议日期和时间

在确定会议日期和时间时，有几个因素需要考虑。下面的列表是根据相对重要性进行排序的。列表中的项目和顺序可能因你的具体情况而有所调整。

确定日期和时间时的考虑因素

- 会议的结果在什么时候必须公布？
- 谁对会议的成功至关重要？他们的可用时间是什么？
- 什么日期和时间对你方便？

要避免的日期、时间和地点

避　免	原　因
星期一上午或星期五下午开会	人们可能受到即将到来或刚刚过去的周末的影响而分散注意力
在假期之前或之后的那天	人们可能受到即将到来或刚刚过去的假期的影响而分散注意力
午饭后立刻开始开会	人们往往变得更加迟缓懒散，能量和创造力都很低
安排在参会者很容易被房间外的活动分散注意力的地方	外部活动可能降低会议产出
对于参会者来说太小或太大的房间	参会者可能受到环境的负面影响

拟定并发布会议通知

会议通知明确了参会者所需要的关键信息，以便做好参加会议的准备，做好工作的准备。如果可能的话，至少在会议召开前一周发布会议通知。一个会议通知应该包括的适当内容有哪些呢？

会议通知内容	• 会议目的、期望产出以及建议的议程 • 虚拟平台链接 • 集中时间、开始与关闭时间 • 受邀的参会者 • 建议带来的事项

表 4.4 提供了一个绩效评估改进小组的会议通知示例。

表 4.4 会议通知示例

绩效评估改进小组

××××/××/××，集中时间：美国东部时间 8:50 / 关闭时间：美国东部时间 11:00

第一次会议

确保在会议开始前 10 分钟访问链接

使用下面的会议链接：www.k1fasf.biz/179avads121。

如果这是你第一次使用虚拟会议平台，请至少提前 24 小时对访问进行试链接，以确保没有任何技术问题。如果在会议之前或会议期间你需要帮助，请联系我们的协调员 Jim Hamilton，电话是 770-555-1440。

会议目的

- 启动改善绩效评估流程的虚拟团队。

期望产出

- 定义成功、小组规范、工作流程、会议和后勤计划、沟通计划。

建议的议程

8:50 集中

9:00 开始

A. 欢迎、目的、费用、可交付成果、会议目的

B. 关键主题和问题

C. 会议议程

D. 会议基本规则

续表

E. 礼物和钩子
F. 我们对于成功的定义
G. 建议的工作流程
H. 团队规范
I. 运营后勤
J. 回顾和跟进
K. 评价和关闭
11:00 关闭
受邀的参会者
☐ Kathy K. —团队领导
☐ Cleve C.—记录员　☐ Ken M.
☐ Bill G.　☐ Vanessa R.
☐ Trina J.　☐ Andrea T.
事前：回顾上周给你发送的团队章程。明确你想解决的任何具体的会议议题
带来：团队章程和你的问题清单

对于诸如日常会议的经常性会议来说，如果每次会议所使用的虚拟平台链接相同，议程项也相同，可能就不必再发会议通知了。对于其他会议来说，会议通知可以是口头的（如语音信箱），也可以是文字性的。

为了使会议准时开始，议程上的第一个时间是集中时间，随后才是实际开始时间。这样，参会者就会知道，他们需要提前到达，以便能够准时开始会议。如果在会前，有一些项目供参加者了解或采取行动，也要事先发送这些资料。

根据需要召开会前讨论

对于关键性的或有争议的会议，在会议前与一位或多位参会者进行会前讨论是很重要的。下面的列表提供了需要进行这类会前讨论的理由示例。

如果出现下列情况，请在会议开始前召开讨论：

- 问题比较复杂，如果能有一个小组提出一个初步的解决方案作为起点，那么是很有帮助的。
- 要在关键节点向前推进决策，你想寻求核心小组的初步认同。
- 一个或多个决策者对于问题的理解不充分，而这可能阻碍会议成功。
- 如果会议成功的话，一个或多个参会者的利益会受到损失，因此应该提前预测会议可能发生的事情。
- 一个或多个参会者更愿意指出问题所在，你想让他们专注于寻找解决方案。
- 一个或多个参会者可能试图改变议程以解决他们的个人问题。

准备虚拟会议室

无论选择什么样的工具，都要考虑以下几个事项，以确保你对工具的使用完全精通。（摘自《虚拟和混合会议的挑战》，作者为 Grove 咨询公司的数字引导服务总监 Rachel Smith。）

- 在会前花时间练习一下如何使用相应的技术。确保能够加载任何你想要展示的文件，能够运行你认为你可能用到的所有的工具和选项。你可以考虑使用两台计算机来进行练习，一台展示会议引导者需要看到的内容，另一个展示参会者将看到的内容，这种方式有助于确定你和参会者的体验是什么。
- 在会前为会议的参会者召开一个简短的指导会议，提高那些对技术不熟悉的人的舒适度。指导会议还可以帮助你在早期识别有哪些潜在的技术问题。
- 如果可能的话，在会议期间安排一个人担任协调员，他负责回答技术问题，并为那些遇到问题的参会者提供帮助。安排一位协调员处理技术问题，会让你在协调员协助参会者解决问题的同时，保持会议的顺利运行。
- 请通过电脑接入的参会者使用耳麦或者耳机。当人们不使用耳机时，电脑麦克风可能输出扬声器发出的声音，并在会议中播放出来。尽管当事人通常听不到，但其他人可能发现这种令人不愉悦的回声。

- 如果一些人不使用耳机，请他们将麦克风静音，当他们要说话的时候再打开。

选择基本规则

基本规则是大家所认同的一系列指导参加者应该如何进行彼此互动的行为集。尽管一些团队可能已经在一起工作了一段时间，并建立了一些适用于团队的、有效但未讲明的基本规则。我们发现，大多数小组都能够在确定边界内行为和边界外行为的认真思考的过程中获益。

要考虑建立一些能够指导人们做（程序性的）和如何做（行为性的）的基本规则。下面是一些基本规则的示例。

基本规则示例

- 准时开始和关闭。
- 人人都要发言。
- 一次只进行一个对话。
- 使用停车场。
- 没有哗哗声、嗡嗡声或叮当声。
- 只做与会议有关的事情。
- 表明立场。
- 使用“这个环节议题讨论已经足够充分了”，让我们继续。
- 对事不对人。
- 先说明优点。
- 分享所有相关信息。
- 讨论“不能讨论”的问题。
- 解释原因和意图。

虚拟会议的特定规则

考虑加入如下一些特定规则，以帮助虚拟会议保持基本礼仪：

- 在会议运行中上线时要告知大家，要提前离开会议时也要告知大家。
- 在发言之前要先报自己的名字。
- 避免使用“免提”按钮，特别是有音乐或其他声音时。
- 在会议期间保持100%的专注；不能做其他工作，如答复电子邮件等。

准备名单

在虚拟会议期间，你经常会邀请每个人就主题进行发言。每次使用相同的顺序比较好一些。因此，要准备一份参会者和地点的清单。

- 考虑将名字按首字母的顺序进行排列。这将有助于参会者明白什么时候会轮到他们发言。
- 如果大部分人都是同一地区的，那么应先将所有其他地区的人按字母顺序列出，再将主会场的人按字母顺序列出。
- 如果多个地点都有几个人参加，考虑先按地点的字母顺序排列，然后每个地点的人再按字母顺序排列。

准备开场白

准备的最后一步是准备好你在会议一开始所说的话。在会议开始时，你要感谢、告知、鼓舞和赋能。下一章提供了这些关键点的详细描述。

回到虚拟困境

让我们回到本章开始时所提到的虚拟困境吧！

在有限的时间里准备一个虚拟会议，我应该把重点放在学习如何使用一个虚拟会议的工具上，还是专注于搞清楚我想从会议中得到什么？

这时，答案或许就更明显了。记住，你并不熟悉虚拟会议技术，在会前三天，你只有 2 小时的空档时间来完成所有的准备工作。

根据本章提供的信息，你可以很容易地利用 2 小时或更多时间进行充分的准备，以确保会议的有效性、产出和参与度。因此，如果你选择使用虚拟会议技术来协助会议的召开，我们建议你选择最简单的把提供桌面共享作为其主要功能的应用程序（见第 3 章）。尽管这些技术并不像其他虚拟平台一样功能丰富，但它们通常是最容易学会的。

总结：准备的策略

综上所述，为卓越虚拟会议做好准备的策略包括以下几点：

策略 12　为你的会议确定准备的 6P：目的、产出、参会者、可能的问题、流程和平台。

策略 13　设计实现目的和产出的议程，同时将参会者和可能的问题考虑进去。

策略 14　准备一个详细的议程，描述你将如何使用虚拟会议平台执行每项议程。

策略 15　使用各种信息收集流程，使会议有趣和吸引人。

策略 16　在会议召开前发送会议通知，告知参会者会议的目的和虚拟会议的接入方式，并鼓励参会者为会议做好准备。

策略 17　确保会议通知的第一时间是上线时间而非开始时间。

策略 18　如果会议比较关键或包含有争议的话题，与人们进行预备讨论。

第 5 章

开　始

- ☑ 虚拟困境
- ☑ 开始清单
- ☑ 尽量减少技术问题的影响
- ☑ 准时开始会议
- ☑ 提供开场白
- ☑ 进行点名
- ☑ 调动参会者参与（好的开场问题）
- ☑ 确定议程
- ☑ 回顾基本规则
- ☑ 回顾停车场
- ☑ 如果需要，做自我介绍
- ☑ 总结：开始的策略

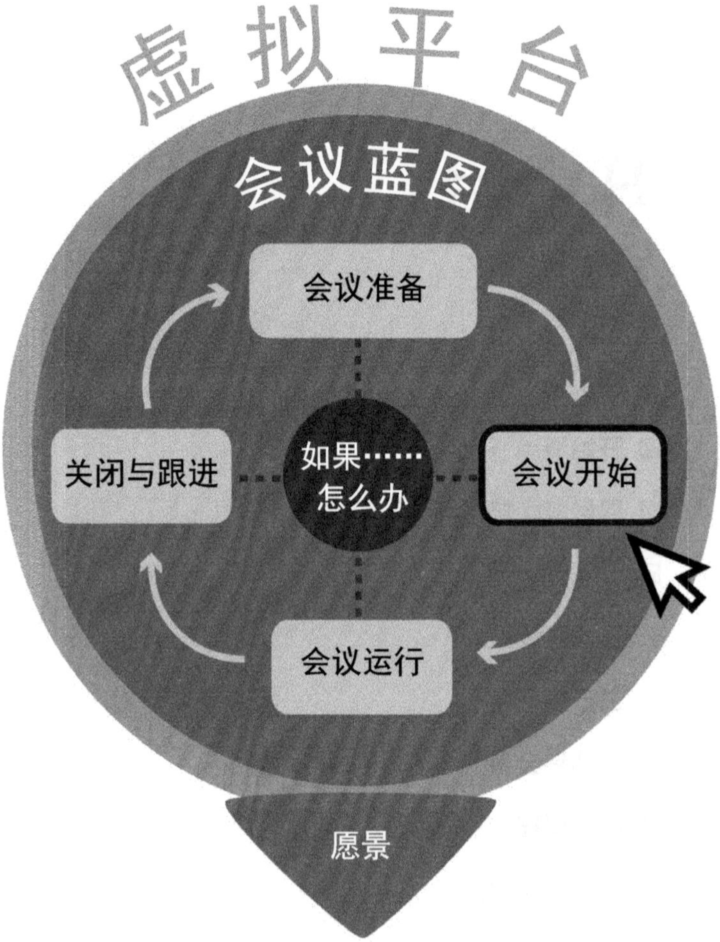
虚拟平台
会议蓝图
会议准备
会议开始
会议运行
关闭与跟进
如果……
怎么办
愿景

虚拟困境

你的虚拟会议预订在 9:00 准时开始。按照要求，你所邀请的 18 位参会者均在会议开始前 10 分钟下载了软件并登录进来，以便他们在虚拟会议开始之前能够准时出现在会议之中。

遗憾的是，18 位参会者只有 15 位成功登录了进来。8:53，你接到了一个电话，有一位参会者无法下载软件。你开始帮助这个人解决问题，正在此时（8:57），另一个电话打了进来，这位参会者的防火墙不允许他访问软件。你请第二个人在线等一下，然后继续解决第一个人的问题。直到 9:02，你才解决了第一个人的下载问题，你迅速发布了一条消息，由于技术问题，会议将在几分钟之后正式开始。你正打算集中注意力解决防火墙的问题，这时，第三个电话打了进来。这个人解释说，她所使用的计算机安装着与大多数计算机不同的操作系统，该操作系统似乎不兼容虚拟会议软件。9:06，你说服那个人在办公室中寻找到了另一台计算机，这台计算机让你能够绕过防火墙和他对话。9:11，所有的问题都解决了，你准备开始会议——没有出现问题的 15 个人中，除了三人以外，全都下线了，因为他们讨厌等待！

如何防止上述这种事情发生在你的身上？

一个虚拟会议如何开始，常常影响到参会者对于接下来所发生的事情的期望。如果开头比较顺利，你就会创造一种预期，即这个会议是具有吸引力的、有效的以及值得花费时间的。然而，如果开头就不好，你甚至可能在第一个议程项开始之前就已经失去了参会者。

开始清单

一个会议的开始阶段包括议程表中的第一个工作项目之前所做的所有活动。让我们先学习一下开始清单，如表 5.1 所示。

表 5.1 开始清单

开始清单
❑ 准时开始会议。
❑ 提供开场白，包括目的和产出。*
❑ 进行点名。*
❑ 调动参会者参与。
❑ 确定议程。*
❑ 回顾基本规则。
❑ 回顾停车场。
❑ 如果需要，做自我介绍。
*推荐给所有会议

开始的时间少则不到 5 分钟，多则 45 分钟或者更长，这要取决于小组的规模以及你所使用的步骤。你应该根据你所引导的会议来调整这个列表。那些带星号（*）的项目在每次会议中都应该去做，无论会议的重要性或参加人数如何。

尽量减少技术问题的影响

在虚拟会议中，会议开始阶段的重要性是普通会议的两倍。正如本章开始部分的虚拟困境中所描述的，一次精心策划的虚拟会议可以完全摆脱技术问题的影响。尽管我们不可能总是规避所有的技术问题，但这里有一些策略可以减少其影响。

减少技术问题及其影响的策略

- 请人们在会议开始前至少 10 分钟访问虚拟会议平台。
- 对于那些首次使用虚拟会议平台的人，鼓励他们至少提前 24 小时测试链接情况，以确保没有任何技术问题。
- 如果参加虚拟会议的人数超过四个人，安排一位不参加会议的人来担任主持人或技术助理，他的角色就是解决你或参会者可能遇到的任何技术问题。
- 在会议通知中加入主持人的姓名和电话号码。
- 如果这是你第一次使用虚拟会议平台，那么应确保在会议开始前测试所有你将要使用到的功能。
- 规划好你的时间，以便你在会议开始前的 15~30 分钟的时间里随时准备好开会。这样做的好处是，当遇到意想不到的困难时，你会有额外的时间去处理。

准时开始会议

对于会议引导者来说，一个常见的挑战就是准时开始会议。遗憾的是，大多数引导者都会“惩罚守时者”，他们会让那些准时到达的人等待那些迟到的人。在一些组织中，惩罚守时者已经变成了一种文化，以致虚拟会议的参会者也习惯性地晚到以避免“受到惩罚”。

当然，如果关键参会者拖沓的话，会议可能很难准时开始。考虑以下策略来创建一种使会议准时开始的文化。

准时开始的策略

- 提前从所有参会者那里获得在指定的时间开始会议的承诺。
- 请确保会议的通知中给出一个集中时间和一个开始时间。大多数人会关注他们第一次看到的事情。
- 考虑将会议时间设置在一个正点或半点之后的 5 分钟，让人们能够在离开前一次会议之后准时到达你的会议间。

- 如果是你之外的其他人来开启会议，请确保其了解这个角色，而且你们两个要就时间达成一致。
- 考虑对于迟到者的惩罚，这种惩罚措施要获得小组的认同，如为活动捐赠 5 美元。

提供开场白

无论是在虚拟会议中还是在面对面会议中，会议引导者通常会通过介绍议程来开始（如果有的话），然后直接进入第一个议程项。因此，参会者往往不确定会议的目的是什么，预期的产出是什么，为什么说这个会议是有益的，或者说，为什么这个会议对他们来说是重要的。从本质上说，会议往往从一个无效的开场白开始，这可能会伤害到会议的其他环节。

你的开场白一定要定下会议的基调、节奏和期望。在开头部分，你必须传达会议的愿景和将要获得的收益。你应该说些什么来有效开始呢？

开场白中需要包含的内容

- **Thank**：感谢参会者的到来。
- **Inform**：告知大家会议的总体目的和将要产出的成果。
- **Excite**：鼓舞参会者，为他们提供成功的愿景和对他们的好处。用至少四次“你”或“你的”，以确保你描述了对于他们的好处。
- **Empower**：赋能给他们，确定你会给予他们的权力、他们在这个过程中所扮演的重要角色，或者他们被选为参会者的原因。

高能量开始

如何讲出开场白也非常重要。当一个引导者以几乎没有表情的单调乏味的语调开始时，参会者得到的信息是，引导者对会议的兴趣有限，对于会议将要取得的成果信心较低。当会议的引导者带着兴奋、兴趣和激情讲话时，这种感觉是会传达给参会者的。

根据你的虚拟会议平台的不同，参会者可能无法看到你，所以，在虚拟会议中，当你讲话时，你所传递的能量、兴趣和兴奋度更为重要。我们大多数人在休闲谈话时，使用的是我们所说的第 1 级能量在说话：只要足够响亮，有足够的能量让人们保持清醒即可。遗憾的是，当我们引导一段时间的会议后，我们的能量水平会下降，我们可能会让人们打瞌睡！在引导虚拟会议（也包括面对面会议）时，要考虑提高两级能量水平，达到第 3 级。以第 3 级能量开始会议，如图 5.1 所示。这种能量要充分发挥出来，为所要讲的话题和参会者赋予能量。

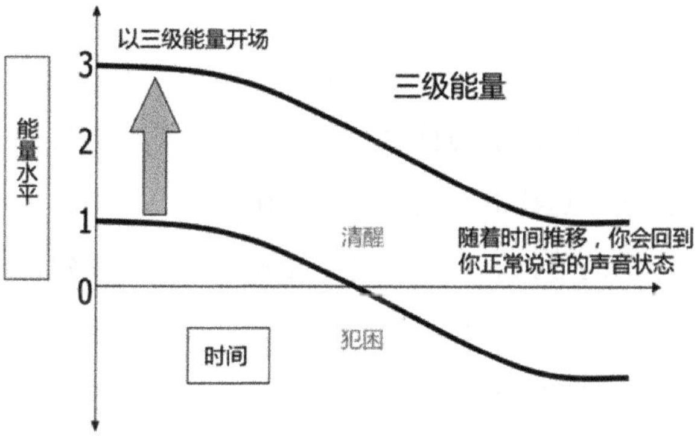

图 5.1 三级能量

伴随着所使用的三级能量，考虑以下列方式讲出开场白。

提供开场白

- 坐直；不要无精打采。
- 说话大声、清楚，声音中带有感情。
- 变化你的语调。
- 使用停顿来强调。
- 避免说得太快或太慢。
- 活泼，使用一定的手势。
- 避免填赘词（如啊、呃和嗯）。

- 如果合适的话，在讲开场白时，通过眼睛看着摄像头的方式，与参会者进行眼神接触。

当你以这种方式讲出开场白，并且开场白包括我们前面所讨论的所有事项时，参会者就更容易理解为什么他们在这里，捕捉到你对于此次会议的愿景和兴奋度，并能够了解他们的角色，以及对他们的好处。下面是一个开场白的示例。

↘ 开场白示例

- 我要**感谢**你们愿意来参加此次会议。
- 现在我们开始。首先让我来**告知**大家我们为什么在这里。
  - — 大家都知道，我们的绩效评估流程存在着很大困难。
  - — 有报道称，我们各部门对于"达标"、"优秀"和"卓越"的期望存在着很大差异。许多员工都说，考核过程是考核你被喜欢的程度，而非表现如何。此外，我们还有这样的案例：有些人在由于表现不佳被解雇的前几个月，还得到了很高的分数。总之，这些都表明我们的绩效评估过程是无效的。
  - — 我们被召集到一起，就是要提出一个解决这些问题的新流程。
- 为什么说这是**令人鼓舞**的？
  - — 如果成功了，我们就会制定一个新的流程，这个流程会得到人们的信任，让人们有信心，并受到激励。如果你的员工受到了激励，你知道，这会使你的工作更加容易：更少的问题、更少的抱怨、更好的斗志、更好的绩效——而且，意味着你、我和整个组织会得到更多的奖金。
  - — 此外，如果我们做好这项工作，你将得到高层管理者的感谢，你的同伴会因为你所做的事情而取得好的绩效。
- 我想确保你知道你获得了**授权**去完成这项工作。
  - — 你们中的每个人都是由高层管理者精心挑选出来成为该工作小组的成员的。
  - — 他们相信你拥有创造更好的流程的知识和愿景。
  - — 他们期待你们的建议。

进行点名

在说完你的开场白后，通过电话进行点名，要说出大家的姓名和地理位置，并要求他们回答“是的，我在”这样的话进行确认。点名的目的是确保你知道每个在线的人，并开始将他们的声音和他们的名字对上号。当点完所有的名字并确认他们都在线之后，一定要问一下是否有人在线但没有被点到名字。如果是这样，就要相应地更新你的列表。

你的虚拟会议软件可以通过显示所有在线人员的列表来帮助你点名。否则，你可以使用如表 5.2 所示的列表，其中有一些复核框，你可以用来对已经回答过问题的参会者进行标示。

表 5.2 参会者点名表

						Andrea，亚特兰大
						Bill，波士顿
						Cleve，芝加哥
						Ken，达拉斯
						Trina，丹佛
						Vanessa，圣迭戈
						Kathy，亚特兰大 （项目经理）

如果合适的话，在房间里安排自己的“眼睛”

对于有多个人参加会议的地区，让一个人充当你“在房间里的眼睛”往往是非常有帮助的。给这些人进行授权，允许他们随时打断你——如果必要的话，可以在句中打断你——只要他们监测到屋子里的人似乎游离了，他们就可以提醒你加快速度，如果他们似乎没有跟上，就提醒你放慢速度，当有人举手而你没有看到时就提醒你，或者指出需要给予回应的任何其他的小组行为。同样也可以考虑允许所有人这样做。

调动参会者参与（好的开场问题）

在讲完开场白，并且点完名之后，要考虑让参会者立即参与进来。要让每个人快速地参与进来，并为接下来的会议做好准备。

在虚拟会议中，你如何尽快让参会者参与进来呢？对于一些团队来说，提出一个与手头任务相关的问题是最好的开始。对于其他团队来说，提出一个与人有关的问题则可能更为合适。我们建议你可以从下列方法中选择一个。

开场调动方法示例

- 关键主题法
  - 思考会议的目的。
  - 如果我们要达到这个目的，你知道我们有一些特定的主题需要去讨论，有一些具体的问题必须解决，或者可能有一些具体的想法应该去讨论。
  - 让我们做一个清单。如果今天要取得成功，我们需要讨论什么主题？
- 个人成果法
  - 让我们假设这次会议非常成功。
  - 想想那些产出的成果，那些将要出现的产出，以及那些能让你说“这是一次伟大的会议”的事情。
  - 让我们创建这个清单。基于我们的目的和产出，你个人希望从今天的会议之中看到什么样的成果？
- 一分钟签到法
  - 我们已经一起开过好几次会了。现在我们每个人用一分钟的时间快速签个到吧！

— 我们最后一次在一起的时间是（某日）。从那时起，在你个人生活或工作中，可能有一件或多件比较重要的事情。

— 回想一下这些已经发生过的比较重要的事情，并选择一件对你有意义的事情。在点到你的名字时，请告诉我们，自从我们上次分开以来，在你身上发生的一件重大的事情是什么？

↘ 好的开场问题

上面所介绍的这些可用于选择的方式都是一些被称作开场问题的方式，这些方面可以帮助参会者更好地进行回答。要构建一个好的开场问题，可以使用下面三个步骤：

- 使用一个构建图像的短语（如“思考”“想象”“考虑”“如果”）。
- 扩展图像，让参会者可以想象他们的答案。这通常需要两个或三个额外的短语。
- 直接问出你想知道的问题。

当以这种方式提出问题时，参会者通常会想到他们的答案，并能够立即进行响应。如果你只是直接提出问题（例如，“自从我们上一次分开以来，发生的一件重大的事件是什么？”），参会者往往会变得沉默，因为他们需要去想答案。这种沉默可能显著地降低能量并让参会者感觉到他们无法回答你的问题，从而间接地对参会者形成掠夺。然而，如果使用一个好的开场问题，你可以帮助他们构建一个图像，使他们能“看到”自己的答案，从而快速给出他们的答案。

在会议开始时，或者在任何你希望他们提供更多的回应时，如确定流程中的步骤、对潜在的策略进行头脑风暴、列出可选方案等，你就应该使用非常好的提问来调动参会者的积极性。表 5.3 显示了一些直接提问和更好的开场问题的示例。

表 5.3 开场问题示例

直接提问	开场问题示例
现在的绩效评估流程有效性如何？步骤是什么	我想创建一个当前的绩效评估流程步骤的列表。假设你有一个很好的员工，她的表现多年来一直都非常好，你想要确保你考虑到了绩效评估流程中所有的基础，以确保她得到一个非常积极的评价。想一下你或她将不得不采取的绩效评估流程的步骤，想一下在今年的早期、后期等必须要做的所有事情。让我们来建立一个清单。在我们目前的绩效评估过程中，我们的步骤是什么
当前流程中的问题是什么	回顾一下我们的最后一次绩效评估周期。想想那些真正的问题，那些令你沮丧的事情，那些有效性很差的事情，或者只是那些真正的问题。想想那些让你说“需要有一个更好的方法来做这件事”的事情，目前的绩效评估流程中，那些令人沮丧的问题是什么
要改善当前的流程，我们可以做些什么	要改善这个绩效评估流程，我们应准备建立一个清单。看看我们需要解决的问题有哪些。思考一下我们可以做哪些事情来解决这些问题。想想那些你在其他地方看到的他们做得好的方面。思考一下我们可以使用什么样的技术来改善绩效评估流程，或者思考一下我们如何使用那些方法来更好地完成这个流程。想象一下你看到了我们可以考虑的所有可能性。让我们列出一些可以改善我们的流程的想法。从哪个想法开始呢

使用开场调动方法的提示

有几项技术可以帮助你更有效地进行开场调动。

- 在你提出问题之前，先叫出接下来第一个要回答你的问题的人的名字。结果，这个人会更仔细地倾听，并为回答问题做好准备。
- 在第一个人回答之前，给参会者大约一分钟的时间去记录他们的回应。这样，人们就有机会听别人说话，而不会被他们自己将会说什么的想法所干扰。

- 当第一个人开始时，根据名单使用轮流法来进行。轮流法避免了人们不知道下一个将会是谁而带来的尴尬的沉默。
- 如果你要问个人的成果或重要的主题，考虑通过文档的方式将回应记录下来，或者请参会者将他们的回答记录在白板上。在确定议程时，你可以再回到这些信息上。图 5.2 提供了一个参会者在白板上记录关键主题的示例。

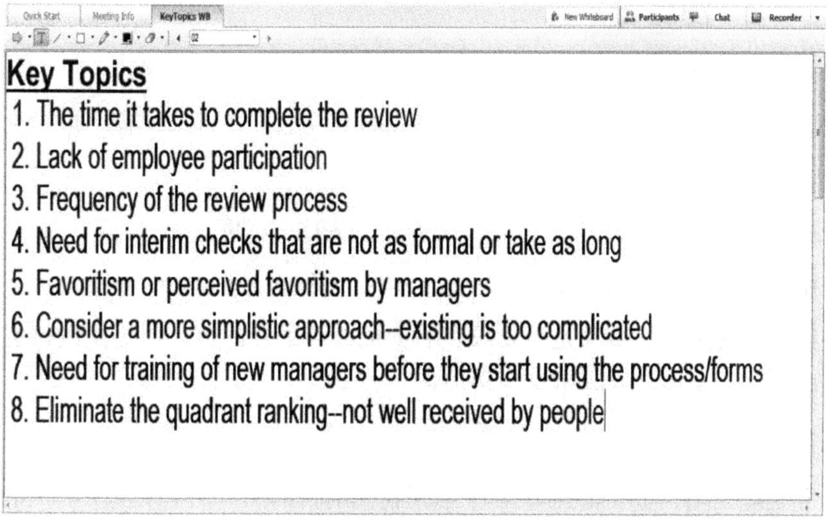

图 5.2 白板上关键主题的记录

确定议程

在说完开场白，并对参会者做完调动之后，如果适当的话，下一步的工作是介绍议程和每项议程的时间。介绍议程的目的是确保参会者了解会议将怎样进行，并确认该议程会达成在开场白中所确定的目的和产出。要确定议程，可以考虑以下步骤。

确定议程的步骤

- 在议程介绍中，要包括所有将要采取的步骤，将要创造的产出，以及每一步的时间框架。
- 说明每项议程对于整体会议目的的实现有何助益。
- 如果使用个人成果法或关键议题法作为初始的参与策略，你可以使用这些结果来确认日程。
- 在介绍完议程之后，回顾每个人的成果或列出的重要主题。
- 请参会者确定，会议的每项成果或提出的问题会在哪项议程中被讨论到或被解决掉。
- 圈出那些在拟定的议程中没有覆盖到的成果或问题。
- 在回顾完所有的成果或问题之后，返回到那些被圈出来的事项上。
- 和小组确定这些事项是否要放在后期的会议上，或者，需要修改议程，以确保他们所讨论的所有事项均可以在当前的会议中被讨论到。

请参会者确认议程。

- 中立地提问，你可能会问："考虑到我们的目的和产出（以及所确定的成果或问题），我们需要对议程做出修改，还是可以继续按照拟定的议程进行？"
- 如果你相信不需要修改拟定的议程，可以采用不同的提问方式："根据我们的目的和产出（以及所确定的成果或问题），看来我们的议程是可以满足我们的需求的，我们可以接受拟定的议程吗？"
- 如果你认为有必要修改拟定的议程，你可能会问："根据我们的目的和产出（以及所确定的结果或问题），我想建议对议程做一部分变动……，我们可以接受修订后的议程吗？"
- 不管你提出问题的方式如何，都可以考虑采用轮流的方式来得到大家的反馈。
- 如果大家请求进行其他修改，你可以使用第 10 章中所描述的达成共识策略。

图 5.3 提供了一个关于每个关键主题是如何在议程中体现的示例。

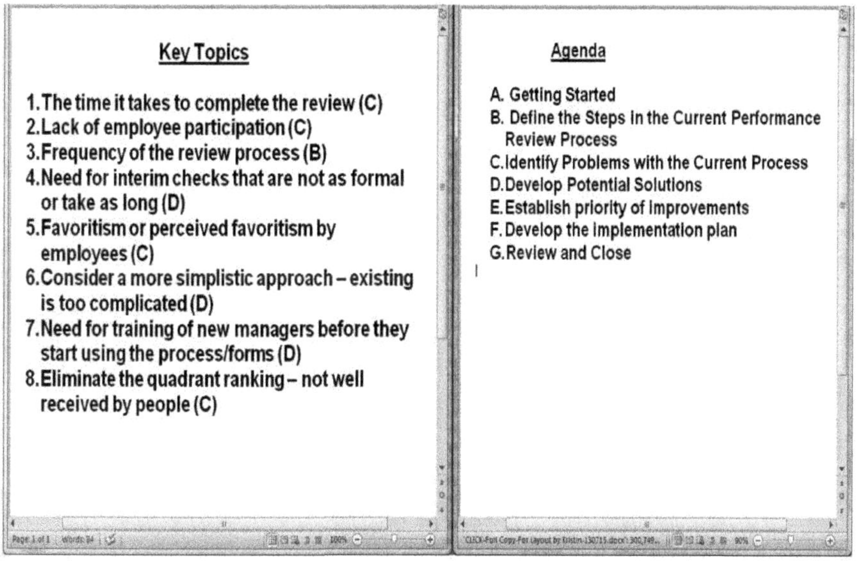

图 5.3　关键主题如何在议程中体现

回顾基本规则

正如第 4 章所述，基本规则是一种达成共识的行为集，将会为参会者彼此之间应该如何进行互动提供行为指导。在准备过程中，你要选择使用一些基本规则。在你的开场白中，你要回顾如下基本规则。

回顾基本规则的步骤

- 如果这是小组的第一次会议，回顾和解释每个基本规则。
- 如果团队经常开会，不需要回顾每一条，只是提醒团队注意基本规则就足够了。
- 如果小组频繁出现失当行为（如打断别人），考虑加入一个基本规则来解决这些失当行为（如不能打断）。

随着时间的推移，基本规则可以帮助团队成员进行自我纠正。他们将根据他们已经建立和强化的基本规则来监督自己。图 5.4 提供了一个基本规则列表的示例。

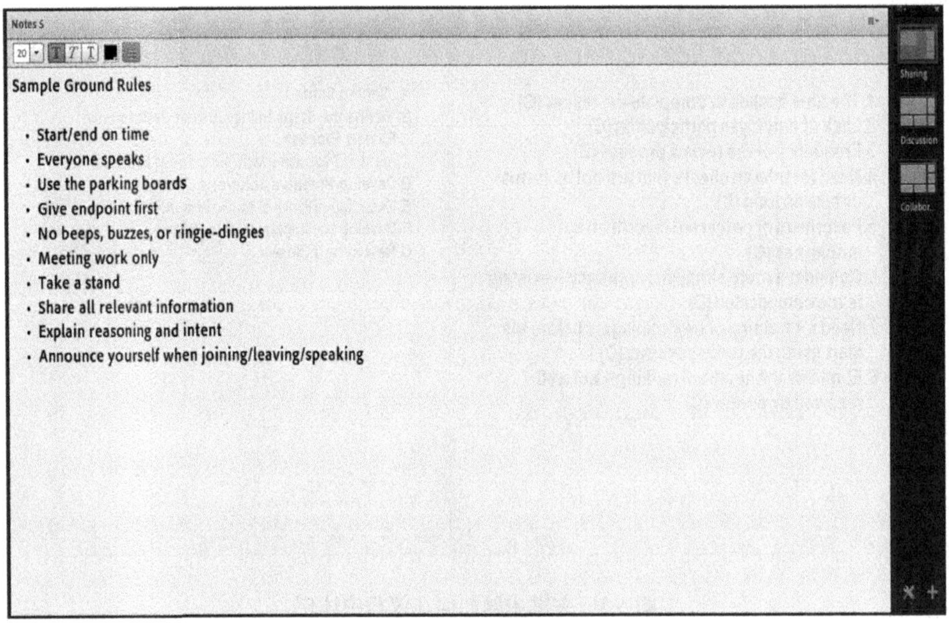

图 5.4　基本规则示例

补充基本规则?

在持续时间为一天或多于一天的面对面会议中，我们经常会请参会者建立一个“充能”的基本规则。团队如果发现能量开始下降时，就可以做一个“充能”活动。充能活动可以通过声音或身体的活动来进行，但持续时间不能超过 15 秒钟。例如，团队可以选择这样的充能方式，如小鸡舞、波浪法、变戏法和“YMCA”。

然而，在虚拟会议上，我们建议会议的每一节的时间不要超过 2 小时，而且在两个小节之间至少要有 13 分钟的休息时间，让参会者进行充能。因此，我们通常会引入一个关于充能活动的基本规则，将其作为虚拟会议的一部分。

回顾停车场

在一次会议中，人们通常会提出一些与会议的目的或主题不直接相关，但将在以后的议程项中涉及的主题。此外，在会议与会议之间，将有一段时间来实施决策或者跟踪所确定的行动。在这些情况下，考虑将这些信息放在一个叫“停车场”的文档中，以便每个人都能够知道这些想法或观点。

对于大多数的会议来说，我们发现通常会用到三个停车场。在会议开始时，要迅速回顾一下停车场的用途。

三类常用的停车场

- 问题清单：停放那些在后续的会议中将讨论的主题或完全与会议无关的主题。
- 决策清单：停放由小组所做出的应记录在案的决策，供将来参考。
- 行动清单：停放在会议关闭之后的某个时候要执行的行动。

如果需要，做自我介绍

如果会议中包括一些互不相识的人，做一下介绍会比较合适。根据具体的情况，我们推荐两种类型的介绍。

短介绍

- 请大家介绍自己的名字、单位和角色。
- 如果大多数人彼此认识，但也有一些人互不相识，考虑使用短介绍。

长介绍

- 当参会者大多互不相识的时候，这种形式是恰当的。
- 请参会者确定他们的名字、单位、角色和对他们来说最重要的一个具体的成果或关键的议题。
- 使用长介绍时，要考虑将要提出的问题记录在屏幕上，以确保人们了解他们需要说些什么。
- 在第一个人说话之前，给参会者一些时间写下自己的想法。
- 给每一个人介绍设定一个时间限制（如 30 秒）；考虑使用闹钟来提醒时间。

总结：开始的策略

总之，有效启动虚拟会议的策略包括以下几种：

策略 19　请人们在会议开始前至少 10 分钟访问虚拟会议平台。

策略 20　如果你预期参加虚拟会议的人数会超过四个人，那么最好安排一位不参加会议的人作为主持人或技术助理，其作用是解决任何你或参会者可能遇到的技术问题。

策略 21　准时开始，让议程表上的第一时间作为集中时间和获得按时开始会议的提前许可。

策略 22　提供一个强大的、有效的开场白：

- 感谢参会者的到来。
- 告知他们目的和期望的产出。
- 让他们知道会议对他们的好处。
- 通过确定他们所拥有的权力和所扮演的角色，赋予他们权力。

策略 23　要确保你知道所有在线的人，让人们将声音和名字对上号，进行包括名字和所在地点的点名，并要求每个人都回应“是的，我在”。

策略 24　在每个有多人参加会议的地区，要安排一个人作为你的“房间里的眼睛”，当你需要放慢或加快速度，或者基于房间里所发生的事情采取行动时，让他们提醒你。

策略 25　要让参会者在会议的一开始就全身心地投入进来，可以使用关键主题法、个人成果法、一分钟签到法，或任何其他与会议相关的可视化的开场问题来达到这一目的。

策略 26　通过将参会者的个人成果或主要议题与议程联系起来的方式，获得对于议程的认同。

策略 27　使用基本规则来识别边界内的行为和越界的行为。

策略 28　建立停车场，用来“停放”要做的决策、采取的行动或在稍后时间里要解决的问题。

第 6 章

运　行

- ☑ 虚拟困境
- ☑ 使用检查点保持团队专注
- ☑ 使用 PeDeQs 给出准确、清晰和简明的指令
- ☑ 记录相关信息
- ☑ 在推进之前寻求共识
- ☑ 遵守议程的时间
- ☑ 倾听离题的讨论
- ☑ 寻求所有观点以及调动参与的各种方式
- ☑ 总结：运行的策略

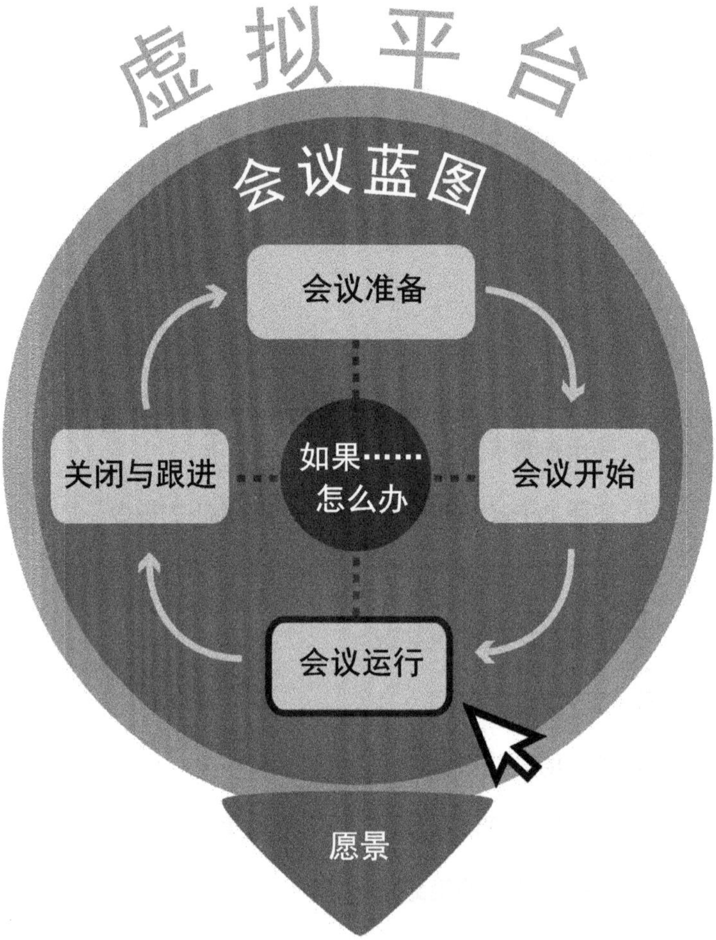
虚拟平台
会议蓝图
会议准备
关闭与跟进
如果……
怎么办
会议开始
会议运行
愿景

虚拟困境

你已经成功地开始了这个绩效评估工作小组的会议。你已经请小组列出了当前绩效评估流程的工作情况，从而完成了第一个议程项。你现在准备开始定义问题和寻找根源的议程了。你知道，有些人并不一定了解这样做的重要性，而另一些人可能发现根本原因分析过程有点复杂，所以你想解释一下这样做的目的，并且想用简洁而清晰的方式来指明整体的方向。根据所使用的虚拟会议平台，你不一定能看到人们的肢体语言，也不知道他们是否真的理解了。

在虚拟环境中，你如何确保你给的方向是简洁而明确的、使人能够理解的？

一旦召开的虚拟会议开始，你就要执行会议的议程，并保证会议的正常运行，然后，在所有议程项均告完成之后，关闭会议。在完成特定的议程项时，你需要采取特定步骤。然而，作为实施会议的整体框架，你可以考虑使用如表6.1所示的FIRST CLASS步骤。

表6.1 会议运行清单

会议运行清单（FIRST CLASS）
对于每项议程： ❑ **F**—通过向参会者解释所安排的项目是如何促进会议目标的，使参会者保持**专注**。 ❑ **I**—通过清晰而简明地说明议程的各项目将要如何实施，为参会者提供**指令说明**。 ❑ **R**—**记录**在虚拟会议期间收集的相关信息，确保这些信息都被记录下来。 ❑ **S**—通过使用适当的信息收集流程，**有步骤**地引领参会者完成议程。 ❑ **T**—**跟踪**时间，以确保参会者恰当地使用时间。

续表

会议运行清单（FIRST CLASS）
如果需要……
❑ C—快速有效地**控制**和解决失当行为。
❑ L—**倾听**离题的讨论，将这些议题放到停车场中，以保持会议的聚焦。
❑ A—**解决**出现的分歧或冲突。
❑ S—**征求**所有的意见，用各种方式调动参会者的积极性。
❑ S—**总结**并关闭会议。

本章涵盖了会议引导者所用的所有 FIRST CLASS 步骤，失当行为、意见分歧和关闭会议这三个主题将在随后的章节中介绍。

使用检查点保持团队专注

在每项议程的开始，要设置一个检查点，确保每个人都在同一界面上。

设置检查点

- 回顾：迅速回顾迄今为止完成的事项。
- 前瞻：简要说明小组将要做什么。
- 鸟瞰：解释将要进行的议题对于会议的总体目标的价值。

检查点可确保所有参会者都知道我们正在进行一个过渡。它也有助于参会者了解为什么要进行即将开始的议程项目，以及它对于会议目的的价值。最后，当你在每项议程开始阶段给出一个检查点时，参会者会随着你对会议的引导，平稳地进行过渡。

检查点示例

- 我们刚才谈到了绩效评估流程目前的运行状况如何。（回顾）

- 我们下一步是找出问题和产生这些问题的根源。(前瞻)
- 这一步非常重要，因为如果发现了问题及其根源，我们就能够提出解决这些问题的解决方案，并且提出更好的绩效评估流程。(鸟瞰)

使用 PeDeQs 给出准确、清晰和简明的指令

在检查点完成后，你可以请参会者进行头脑风暴、以分小组的方式开展工作或者做个小调研等。根据活动情况，你提供指示的质量会影响到下一步骤能否取得成功。正如在本章一开始的虚拟困境中所指出的，成功的虚拟会议的关键是指示的质量。

在给出指示的时候，好的会议引导者会描述参会者接下来要做的事情。然而，大师级的会议引导者则会描述做什么、如何做以及为什么这样做是很重要的。

为了确保你的指示含有做什么、怎么做以及为什么做，你可以考虑使用 PeDeQs 步骤来下达指示。

使用 PeDeQs 给出指令

- Purpose——给出活动的总体**目的**。
- Example——在适当的时候，举出一个与主题无关的简单的**例子**。
- Directions——用文字图片的方式给出总体**指示**。
- Exceptions——给出特定的**例外**情况和特殊情况。
- Questions——**提问**。
- Starting——提出一个**开场问题**，让参会者将其答案可视化。

作为示例，假设你希望在参会者确定组织绩效评估流程中存在的问题。在问题确定之后，你还要找出每个问题的症状和根本原因。表 6.2 给出了一个需要完成的示例表，之后是 PeDeQs 对话示例。

表 6.2 问题、症状、根本原因表

问　题	症　状	根本原因

PeDeQs 对话示例

- 我们将要使用这张表来帮助我们确定与绩效评估流程相关的问题、症状和根本原因。（目的）
- 举例来说，如果我们想要开车，一个可能的问题是轮胎扁了。症状可能是轮胎没有气了。根本原因可能是我有一段时间没有给轮胎充气了。还有什么可能的其他的根本原因呢？（例子）
- 好，我们不是来开车的。我们正在分析的是绩效评估流程中可能出现的问题。下面我们怎样去做呢？首先我们要列出所有的问题。然后，当我们确定问题之后，我们就要确定每个问题的症状和根本原因。（指示）
- 现在，你还需要知道一些其他的事情。当我们正在讨论问题的时候，你可能突然想到一个根本原因。此时，我会把它放在根本原因表格之中，直到我们找出与之相关的问题为止。同样，当我们列出所有问题，正在讨论症状和根源的时候，你也有可能想到一个问题，我会把它添加到问题表格中去。（例外）
- 现在，大家有什么问题吗？（提问）
- 好，想一想我们的最后一次绩效考核周期。想一想存在的问题，那些令你沮丧的事情、那些无效的事情或者只是那些真实存在的问题。想一想那些会让你说出这样的话来的事情："应该有一个更好的方法来做这件事！"目前的绩效评估流程中，有哪些令人沮丧的问题呢？（开场问题）

记录相关信息

在给出指示并且相应的流程已经开始之后，要记录或请其他人记录参会者提供的信息。那么，应该记录些什么内容呢?

↘ 会议记录的项目

- 在会议期间做出的**决策**。
- 在会议期间安排的**行动**。
- 在会议上提出的供后续讨论的**问题**。
- 在会议期间所涉及的**相关分析和评论**。

我们强烈建议使用一个可以让每个人都能够看得到所记录的观点的虚拟会议平台，这样做的好处如下。

↘ 让参会者看到记录的好处

- 让每个人都聚焦在同一主题上。
- 鼓励参会者重述之前所做出的评论。
- 有助于确保评论记录的准确性。
- 让参会者能够方便、准确地参考先前的评论。
- 让人们关注整场讨论的重点，防止人们开展其他工作。

在记录会议信息时，要遵守以下记录规则，增加记录的清晰度和认可度。

↘ 记录规则

总是记录你回应之前所说的话。	⇒	不鼓励你只记录自己所认同的观点
记录他们所说的，而不是你所听到的。	⇒	确保使用他们自己的语言，从而让参会者感到自己被赋予了参与的权力；有助于防止你根据自己的偏见而改变话语

如果适当的话，可以使用能够让参会者自己记录自己的回应的虚拟会议平台，而不是由你来做记录。正如在第 3 章中所描述的，提供白板类功能的平台，可以让参会者自己写出他们的回应，从而提出他们的想法。

在推进之前寻求共识

一旦你确信一项议程已经完成，在继续推进之前，重要的是，要获得大家的共识。作为会议的引导者，获得共识可以防止你在参会者做好准备之前就做出应该由参会者做出的决策。你如何寻求共识呢?

取得继续推进的共识

- 提供所提到的信息的简要总结。
- 问参会者："我们可以继续吗？"

下面是一个关于总结和如何检查是否达成了共识的示例。

共识检查示例

- 好，现在我们已经确定了绩效评估流程的 12 个步骤，包括回顾过去的成就、评价业绩区域以及确定发展需求。还有其他的步骤吗?或者我们继续?
- 让我们从 Ann 开始，做一个快速的、按字母顺序进行的轮流点名。Ann，你准备好了吗？Ben 呢？Carla 呢?

遵守议程的时间

在会议进行时，你应该始终根据计划来跟踪时间的使用情况，确保会议时间的最恰当利用。

跟踪时间的步骤

- 确保有一个带有时间安排的议程纸质稿，显示出每个项目计划花费的时间。

- 注意每项议程的关闭时间，并确定提前或者落后于时间表的时间量。
- 根据需要，对接下来的每个议程的目标时间进行调整。

如果会议落后了，你该怎么办呢？在第 3 部分中，我们会介绍如何解决时间的问题。

倾听离题的讨论

当参会者在开会期间进行互动时，你应该仔细监测讨论的情况，以确保所有的评论都与所讨论的议程项相关。如果小组开始绕圈子，你应该问一个重新定向类的提问将小组拉回来。示例如下。

重新定向提问示例

会议引导者：在绩效评估流程中还有哪些步骤？

Ann：我认为我们需要解决的问题之一就是这个流程的长度。要想完成所有的绩效评价，我们需要的时间太长了。

会议引导者：长度听起来确实是我们需要解决的一个问题。我们把它放在问题清单上好吗？这样当我们讨论问题时就不会忘记了。现在，让我们来看一下在绩效流程中，是否还有其他步骤需要列出来？

Ann：当然可以，继续吧。我只是想确保我们不会漏掉这个问题。

重新定向提问的经典形式是肯定评论的价值，允许将其放在问题清单上，并提醒小组正在讨论的主题是什么："这是一个有趣的观点。我们可以把它放在问题清单上，这样我们就不会忘记它了。现在，再回到我们的问题上来？"

当你使用一个重新定向提问时，重要的是，要得到将提出的观点放入问题清单的许可。通过询问，你可以得到参会者的许可。如果你只是告诉对方你要将他的观点放在问题清单上，你可能仍然会得到一个口头上的同意，但如果那个人暗地里并不同意，那么你可能会让自己陷入之后的权力斗争中。

如果你提出了请求，但参会者不同意，你会做些什么呢？你可以把这个问题抛给小组（如果是比较合适的话，你可能交给会议发起人来决定）。

重新定向提问——否认示例！

会议引导者：流程的长度听起来确实是我们要解决的一个问题。我们把它放在问题清单中好吗？这样，在讨论问题的时候，我们就不会忘掉这个观点了。你认为可以吗？现在，分析一下在绩效流程中，是否还有其他步骤我们需要列出来？

Ann：不，我想这是我们现在就应该讨论的事情。

会议引导者：这好像偏离了我们正在讨论的主题，但如果小组同意的话，我们也可以讨论一下这个问题。你认为我们需要多少时间，Ann？

Ann：只需要大约 10 分钟。

会议引导者：让我们来看看。各位小组成员，我们的计划是先讨论现有流程的步骤，然后再讨论步骤中存在的问题。Ann 想花大约 10 分钟的时间来讨论一下与流程长度相关的问题，然后我们再回到讨论流程的其他步骤上来。Ann，我的描述明确吗？或者，有什么你想补充的吗？

Ann：没有什么补充的。

会议引导者：通常我们在做这类决策时会采用少数服从多数原则。大家的意见如何？那么好吧，让我们使用轮流点名来确定一下我们是否要花 10 分钟的时间来讨论一下与流程的长度相关的问题。

寻求所有观点以及调动参与的各种方式

如前所述，虚拟会议的一个基本问题是让人们充分参与进来，就如同他们在同一个房间里一样。因此，我们建议使用一些有意义的、互动的活动，每 10~20 分钟对参会者进行一次调动。

正如在面对面会议中一样，在虚拟会议中，有一些方法可以促进小组之间的互动。我们列出了几种常见的调动策略。在第 7 章中，对于每个策略都有详细的描述。

虚拟会议的常用调动策略

- 通过使用轮流点名来获得每个人的输入。例如，回到我们的绩效评估流程案例中，你可以这样引入一个轮流点名："我想要建立一个关于当前的绩效评估流程优势的清单。让我们先从 Joe 开始，按照名单来发言吧。请思考一下……"
- 竞速反馈法在面对面的会议中非常有效，同样，这种方法在虚拟会议中也是一种非常有效的调动策略。使用竞速反馈法，当会议引导者提出一个问题，并给大家简短的时间（30 秒或更少）进行思考之后，请大家用一到三个词语来回答问题。例如，"我想得到最能描述你对当前绩效评估流程的看法的一个词？请大家思考一下……"
- 使用小调研。许多虚拟会议平台都有这个功能，让小组成员表明他们的喜好或信念。例如，你可能安排这样一个小调查："一般来说，要准备一个员工绩效评估面谈，平均需要花费多长时间？（A）少于 1 小时；（B）1~2 小时；（C）2~3 小时；（D）超过 3 小时。
- 采用虚拟会议平台的电子白板功能进行头脑风暴。例如，白板功能可以用来讨论下面的问题："在绩效管理过程中存在的问题是什么？"白板可以让多个人在同一时间内输入答案，此时就不必再使用轮流点名了。
- 使用分组法让团队中的人们开展工作。例如，你可能让每个小组领取一个单独的绩效评估问题，并找出潜在的解决方案。

避免提出人们不能回答的问题

在提问时，要特别注意自己的措辞以避免沉默。要避免问出小组中没有人可以单独回答的问题。例如，不要问："对于流程，大家都觉得还好吗？"你可以问："有没有人对议程的变动提出建议？"如果该小组足够小（12 位或更少的参会者），可以根据点名表，使用直接的问题来做个小调查。例如，"有人对议程提出变动建议吗？针对这个问题，我们按照名单做一个快速的调查吧。Ann，有变动吗？Ben 呢？Carla 呢？”

总结：运行的策略

总之，有效运行虚拟会议的策略包括以下几种：

策略 29　要让大家保持在同一界面上，要实现议程的顺利进行，在每项议程开始时，都要设置一个检查点。

- 快速回顾到目前为止已完成的事项。
- 简要说明小组接下来要做些什么。
- 解释该议程对于实现会议总体目标的价值。

策略 30　在给出指令时，要描述一下该做什么、如何做以及为什么这样做是很重要的，可以使用 PeDeQs 格式。

- **P**urpose——给出活动的总体目的。
- **E**xample——在适当的时候，举出一个与主题无关的简单的例子。
- **D**irections——用描述图像的方式给出总体指示。
- **E**xceptions——给出例外情况和特殊情况。
- **Q**uestions——提问。
- **S**tarting——提出一个开场问题，让参会者将其答案可视化。

策略 31　记录会议期间所提供的所有关键信息，包括所有的问题、决策、行动和可供将来参考的相关分析。一定要没有任何个人偏见地记录这些信息。

策略 32　使用虚拟会议平台，允许每个人看到对于讨论的记录。在适当的情况下，请参会者自己记录自己的答案，而不是你来为他们做这些事情。

策略 33　在转换到下一项议程之前，总结所讨论的信息，使用轮流点名的方式询问参会者：“我们可以继续吗？”

策略 34　根据计划跟踪时间使用情况，以确保会议时间的恰当使用。

策略 35　如果小组开始出现偏离现象，那么提出一个重新定向的问题将小组的注意拉回来。例如，可以问："这是一个有趣的观点。我们可以把这个问题列出来吗？这样我们就不会忘记它了。现在回到我们的问题上来。"

策略 36　以各种方式探询所有的意见和调动参与，包括轮流法、竞速反馈法、调查法、白板法和分组法等。

第 7 章

收集信息

- ☑ 虚拟困境
- ☑ 头脑风暴
- ☑ 反馈（Pro-Con 表）
- ☑ 分类（亲和图）
- ☑ 列清单
- ☑ 调查
- ☑ 优先级排序：打钩法（多轮投票）
- ☑ 问答
- ☑ 轮流
- ☑ 分组
- ☑ 竞速反馈
- ☑ 总结：收集信息的策略

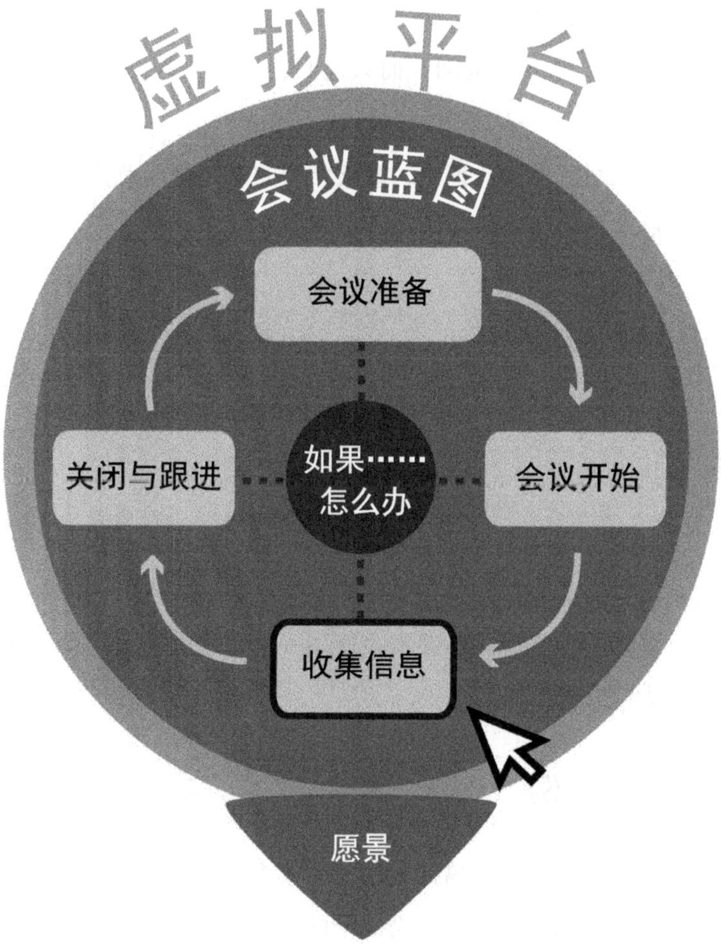
虚拟平台
会议蓝图
会议准备
会议开始
收集信息
关闭与跟进
如果……
怎么办
愿景

虚拟困境

随着绩效评估改进工作小组第一次会议的开展，你开始认识到，大部分时间都是你在说话。每次你停下来提问，都会有一段尴尬的沉默时间，没有人开口说话。你得出了这样的结论：你不再提问，而只是假设人们有问题的话，他们自然会提出来。

然而，在同一时间，你也认识到，缺乏相应的评论可能意味着人们并没有专注于话题或者他们根本对话题不感兴趣。你不知道该怎么做。

你应该假设大家都没有问题吗？
有办法确保每个人都参与进来吗？

正如第 1 章所述，参与是虚拟会议获得输入和认同，从而产生更好结果的关键。确保参与的一种方法是使用各种方法来收集来自参会者的信息。在典型的虚拟会议上，对于许多议程项来说，你经常会使用一些方法来收集信息。这些获取信息的方法通常被称为信息收集流程。

信息收集流程示例

- 在一个日常会议中，一个常用的信息收集方法是“演示然后提问”的方法。一位参会者演示目前的状态；会议中的引导者和其他人进行提问。
- 在一个产生点子的会议中，可能会用到头脑风暴法，让参会者提供尽可能多的想法，然后再分析每个想法。
- 要把这些想法进行分类，参会者可以使用分组流程。
- 要从 20 多项列表中识别出最重要的三项，可以使用排序法。
- 要评估会议的有效性，引导者可以使用反馈流程。

在一个会议中，几乎每项议程都会使用某种类型的信息收集流程。毕竟，如果不需要收集任何信息的话，这个会议就可以通过电子邮件来完成了。

遗憾的是，大多数虚拟会议的引导者并没有为每项议程规划他们将会使用到的信息收集流程。因此，在会议期间所使用的最常见的方法就是“演示然后提问”和“头脑风暴”。但是，当你使用恰当的方法来处理特定的需求时，当你能够变换信息收集的方法时，对于参会者来说，虚拟会议会变得更加专注、更加高效、更加有趣。表 7.1 总结了本章所描述的在虚拟会议中常见的 10 种信息收集流程。

表 7.1　10 种常见信息收集流程

流　　程	目　　的	使用示例
头脑风暴	产生想法	要改善会议，我们需要做些什么
反馈	收集观点和输入	让我们用一点时间来确定一下这条建议的优势和重点
分类	对信息进行分类	对于这 12 个问题，如果分为 3~6 大类，怎么分
列清单	创建详细信息或已知信息列表	在会议中常见的问题有哪些
调查	通过多项选择题获得参会者的反馈	在这些陈述中，哪些最能代表你期望我们首先要去做的事项
优先级排序	确认最重要的项目	对于这 15 种可能性，哪些项目应该优先考虑
问答	识别特定问题并进行回答	关于这一点，我们有什么疑问或问题
轮流	从所有参会者那里获得输入	我想要创建现有流程的优势清单。让我们根据名单顺序开始……
分组	提高参与性、有效性、小组能量和聚焦	我们来分一下小组，每个小组回答一类问题
竞速反馈	请每个人对问题做出简短的回答，从而获得大家的快速反馈	对每个问题给出一两个词的回应：“你现在对于会议的感觉如何？”

头脑风暴

目的：产生想法。

使用示例：要改善会议，我们需要做些什么？

1. 事前在屏幕上写好标题。
2. 对活动和目的进行描述，一定要鼓励创造性和非常规的观点。

   “下一步是通过头脑风暴获得会议的潜在改进方法。这一点非常重要，因为我们不想继续开‘坏’的会议。相反，我们要提出解决方案，帮助我们确保会议的高产出、高效率。”
3. 设定时间限制。如有必要，用一个例子来描述一般性的指示；如果适当，提供一个回答的模板。

   “我们将用 5 分钟进行一轮激烈的头脑风暴。我想按名单顺序进行，从 Joe 开始，思考一下要推动优秀虚拟会议愿景的实现，我们应该做些什么，请大家给我一些想法。如果可以的话，请使用‘动宾结构’，如‘实施什么’、‘开发什么’。”

   “我们可能会做三轮或更多轮，所以当轮到你的时候，如果你没有想法了，就说‘过’即可。”
4. 禁止对想法进行任何形式的判断。即使这个想法不符合目的，也要记录下来。提示参会者这样做的目的，然后保持头脑风暴的顺利进行。

   “因为我们希望保持创造性的流动，所以在这个阶段，非常重要的一点是，我们不要花时间来判断或分析想法。我会尽快把大家的想法打出来，然后迅速地一个人一个人地进行。如果你发现自己在想‘那是无效的’，就问问你自己：‘什么有效？我怎样才能改进呢？’一些最好的想法正是从不切实际的建议开始的。”
5. 提出一个开场问题，帮助小组寻找他们的答案。

   “让我们回到我们的问题和类别清单。这是我们必须解决的事情。试想一下那些其他公司正在做的，而且你认为我们也可以做的事情，以及其他能使我们的会议更好的事情。Joe，从你开始。如果我们要列出一个可以用于改善会议的事项清单，这些事项将是什么呢？”

6. 记录大家的想法。
7. 保持平稳的节奏。此时，要追求想法的数量而非质量。想法越多越好。如有必要，可以使用大量的填充词。

   “再告诉我更多一些。下一个是谁？更多的想法……还有什么办法可以改善我们的会议？”

8. 达到时间限制或者在一个回合中每个人都喊“过”的时候，停止头脑风暴环节。在关闭前要问大家是否有最后需要补充的想法。

   “我们已经到了预定的时间。在最后一分钟，还有什么想法吗？”

9. 在头脑风暴会议之后，经常会使用某种类型的分组或优先级排序活动来找到珍贵的点子。
10. 注意，在头脑风暴中使用白板，可以让所有人马上提供答案，从而加速这个过程。

图 7.1 所示的示例呈现了上述头脑风暴可能产生的信息。

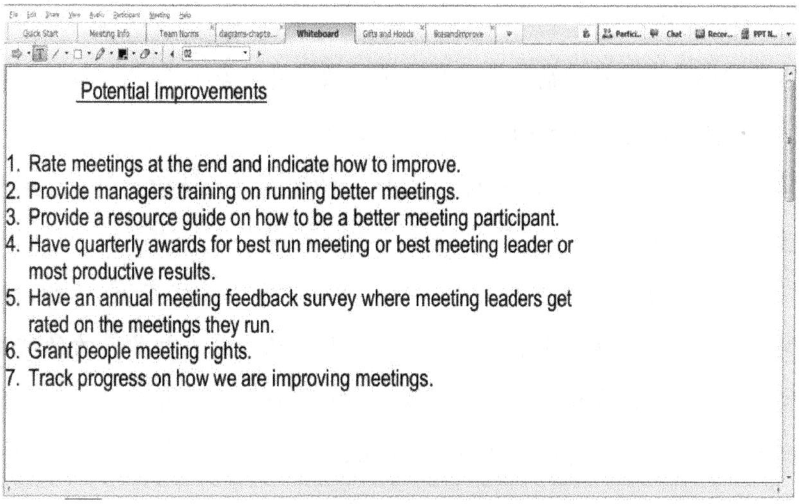

图 7.1　头脑风暴成果

反馈（Pro–Con 表）

目的：收集观点与输入。

使用示例：让我们用一点儿时间来确定一下这条建议的优势和重点。

反馈是学习和改进的重要组成部分。遗憾的是，当虚拟会议的引导者提供一条建议时，人们通常会说“是的，好主意”，或者当别人给出一个主意时，人们最初的反应通常是“没办法，那样行不通”。在第一种情况下，即使有的人不同意，也可能出现一致认同的局面；在第二种情况下，一个人最初的负面评论则会彻底毁掉一个潜在的有益想法。在寻求对某个想法的反馈意见或者对某项活动进行评价时，可以考虑采用以下办法。

1. 事先在屏幕上写好标题。
2. 对活动和目的进行描述。

   “关于如何帮助一位一直开会都很糟糕的经理人解决开会的问题，Ken 刚刚分享了他的看法。让我们看看在这个问题上大家有一些什么样的看法。”

3. 提供一般性指示。

   “谢谢 Ken 的贡献。让我们快速思考一下，给出你对这个观点的看法。接下来我们会讨论相关的问题和改进方法。”

4. 从优势开始。问一个开场问题。对原始的评论进行计数，记录大家会给出多少类似的评论。

   “所以，让我们从优势开始。我想按名单顺序，从 Trina 开始。我想请每个人找到一个你喜欢这条建议的理由。如果已经有人把你喜欢的理由说了，你可以说‘同上第××’，我会在这个理由下面增加一个数字，表明你认同这个评论。所以大家想一想 Ken 的建议，它如何发挥作用，如果这样做的话，我们会有哪些好处。我们来创建一份清单。Trina，我们开始吧！对于 Ken 所说的，你感觉如何？”（注：在某些情况下，我们可以请 2~3 位参会者对优势进行评价，而不是请整个小组都来做。如果参会者数量很多，或者建议很轻微的时候，这样做就非常适合。）

5. 继续推进，开始讨论担忧或改进方法。使用点名表，请参会者给出建议。

　　“我们已经谈过了优势。让我们继续讨论担忧或改进的方法。我们再来一轮，这次从 Lisa 开始。当你听到 Ken 给出这条建议时，你可能已经开始担心或者开始想该如何改进这条建议了。或者，如果你没有感到担心，也认为不需要改进，就请喊‘过’。Lisa，我们开始吧！”

6. 如果合适的话，请最后一次回到名单中，请参会者指出他们所支持的改进建议，并通过对每条改进建议计数的方式，指出每条改进建议的支持数。

　　“让我们最后一次回到名单，从 Joe 开始，请每个参会者说出你所支持的那个改进建议的序号。当你表示你支持哪条建议时，我会在这条建议下面增加计数，这样我们就可以确定每条改进建议的支持总数。Joe，我们开始吧！你同意哪些改进建议？”

7. 在某些情况下，计算出大家对于改进建议的支持数就足够了。如果需要达成一致认同的话，你可以使用第 10 章中所描述的一致性策略。

图 7.2 提供了一个反馈结果的示例。

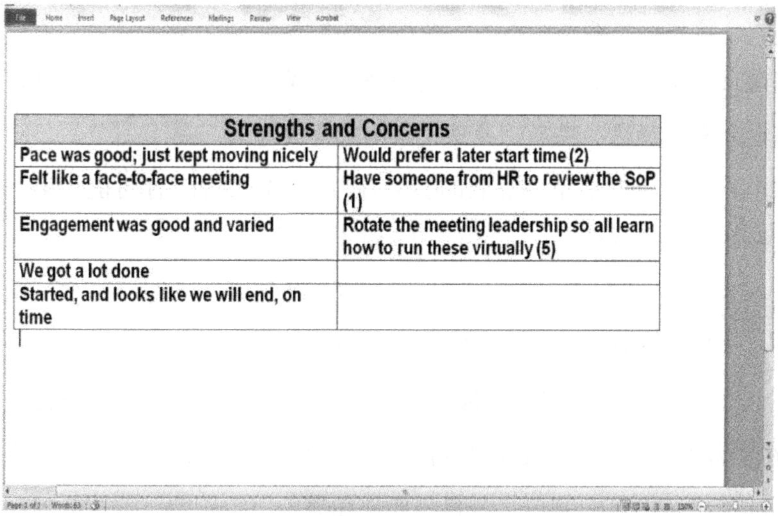

Strengths and Concerns	
Pace was good; just kept moving nicely	Would prefer a later start time (2)
Felt like a face-to-face meeting	Have someone from HR to review the SoP (1)
Engagement was good and varied	Rotate the meeting leadership so all learn how to run these virtually (5)
We got a lot done	
Started, and looks like we will end, on time	

图 7.2　反馈结果

分类（亲和图）

目的：对信息进行分类。

使用示例：对于这 12 个问题，如果分为 3~6 大类，怎么分？

1. 准备分组，事先在屏幕上写好标题。确保将要分组的条目都可以在屏幕上看到，以便参考。在这一步中，拆分屏幕可能比较合适，一半屏幕显示条目列表，另一半屏幕显示你们为每个分类所起的名字。
2. 对活动和目的进行描述。

   “下一步是把我们已经找到的条目分成几大类。我们最终可能分为 3~6 大类。这样，我们就能够更好地为每类问题找到解决方案，而不是为每个单个的问题寻找解决方案。”
3. 给出一般性指示。

   “我们将再次使用名单，从 Trina 开始，我们将一个一个地来看看这些条目，并请你们中的某个人为条目所归属的类别起个名字。如果某个条目还没有应该归属的类别，我们就创建一个新的类别。最后，我们将通过轮流点名的方式来回顾这些类别，确保大家都觉得没什么问题了。”
4. 阅读第一个条目，请你点名的参会者为它确定类别。你可能为第一个条目提供一个类别的建议，让参会者开始工作。

   “第一个条目是‘没有议程’。让我们给这类条目起个名字，能够把‘没有议程’的条目列入其中。Trina，这个类别如何命名比较合适？”

   “听起来第一条好像与做准备有关。听起来这个分类合理吗，Trina？”
5. 在屏幕上记录类别的名称并将其标上“A”。在头脑风暴清单的第一个条目旁边标上“A”表明这个条目将要放在哪一个组别中。你可能想用与先前所创建的原始列表中的字体颜色不同的颜色来标示出“A”，使类别标签突显出来。

6. 开始原始列表中的下一个条目。请名单中的下一位参会者确定该条目是否属于某个现有的组别，还是需要单独列一个组。

　　“第二个条目是‘参与少’。Lisa，我们应该将它放在准备这一组中呢，还是应该放在一个不同的类别中？”

7. 如果该条目属于现有组别，就将该条目标上与该类别相同的字母。如果属于新的组别，请参会者为该类别命名，给该类别赋予一个字母，并在条目旁边写上这个字母。
8. 继续步骤 6 和步骤 7，直到所有项目均已被分类。
9. 请小组回顾一下，以确定是否需要有更多的合并或拆分类别。

　　“让我们回顾一下我们做的工作，确保这个群组是合理的。此时，对于四个类别，每个类别我们都有三个条目。为了确保合理性，我会从 Lisa 开始，按照名单顺序，使用轮流点名的方式来回顾一下。Lisa，你是否看到有需要进行额外的整合或分类的方面？”（继续按名单顺序进行。）

图 7.3 提供了一个上文所描述的分类练习的产出的示例。

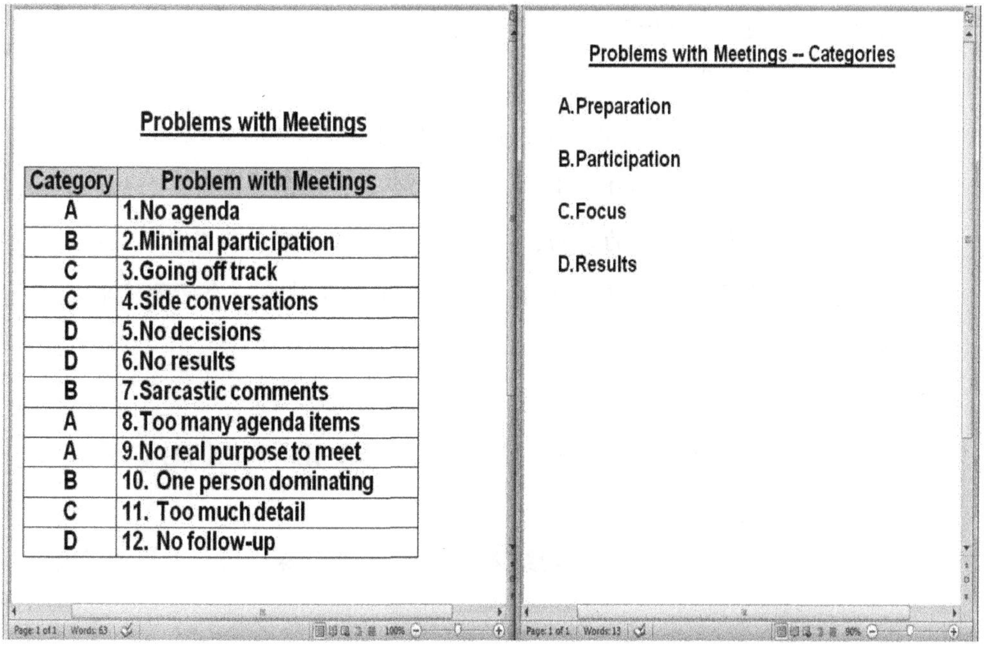

Problems with Meetings

Category	Problem with Meetings
A	1.No agenda
B	2.Minimal participation
C	3.Going off track
C	4.Side conversations
D	5.No decisions
D	6.No results
B	7.Sarcastic comments
A	8.Too many agenda items
A	9.No real purpose to meet
B	10. One person dominating
C	11. Too much detail
D	12. No follow-up

Problems with Meetings -- Categories

A.Preparation

B.Participation

C.Focus

D.Results

图 7.3　分类结果

列清单

目的：创建详细信息或已知信息列表。

使用示例：在会议中常见的问题有哪些？

1. 事先在屏幕上写好标题。
2. 对活动和目的进行描述。

   “下一步我们要找出在会议中出现的共同问题。这一步非常重要，因为通过确定在会议上发生的常见问题，我们就能够制订出解决这些特定问题的计划。”
3. 如有必要，用一个例子给予一般性指示。

   “我想从 Pat 开始，按照名单顺序进行，我们都要找出一个在会议中存在的问题。一轮进行完之后，我们会回过头来看一下是否有人有其他我们还没有提到的问题。如果轮到你了，你没有想到不同的问题，只需说‘过’即可。有什么问题吗？”
4. 提出一个开场问题，帮助小组寻找他们的答案。

   “想想你在过去的 60 天里参加的一次会议，那是一次非常糟糕的会议。想想那些运转得不太好的方面，在会议上遇到的困难、所发生的问题、那些使得会议没有像预期那样有效的一些事情。让我们建立一个问题清单吧！Pat，我们开始吧！会议中出现的问题是什么？”
5. 记录你从参会者那里得到的答复。
6. 注意，正如在头脑风暴中一样，使用一个白板，让所有人同时输入信息，从而加快会议的进程。

图 7.4 提供了一个上述列清单练习结果的示例，这些结果在屏幕上显示了出来。

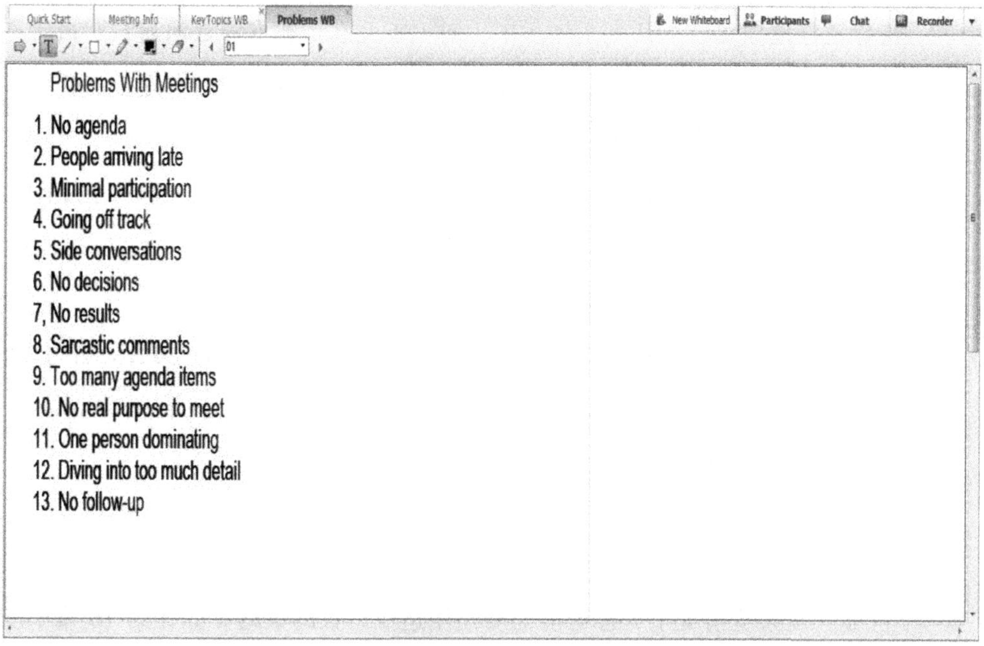

图 7.4　列清单结果

调查

目的：通过多项选择题获得参会者的反馈。

使用示例：在这些陈述中，哪些最能代表你期望我们首先要去做的事项？

1. 事先或在虚拟会议进行过程中创建一个调查表。
2. 对活动和目的进行描述。

   “我们下一步的工作是确定我们的工作流程如何向前推进。这一步很重要，因为我们要确保我们充分利用了每个人的时间，而不是在做任何不必要的活动。”
3. 如有必要，使用一个例子来给出一般性指示。

   “一会儿我就开始一项小调查。在这项调查中，你将发现三个备选方案，这些都是我们上次会议上所确定的方案。你将有 30 秒的时间做出选择。在我请你进行选择之前，让我先停一下，问一下大家是否有什么问题？”通常允许参会者有几秒的时间通过在软件上“举手”或者通过提问来进行确认。

4. 提出一个开场问题，帮助小组寻找他们的答案。

“想一想我们在上次会议上所确定的三个备选方案。想一想每个方案的好处，我们有可能达到的结果。想一想你觉得最有信心能帮助我们实现目标的那一个。是哪一个呢？现在请做出选择。”

5. 开放调查问卷。当参会者回答问题时，宣布已回答情况的百分比，并计时；当所有参会者都回答完后或者 30 秒钟之后关闭调查。

6. 分享并公布调查结果。

“正如你刚才从民意测验的结果中所看到的，排在前面的是 B 选项。在我们推进 B 选项前，有什么看法吗？”

7. 注意，在某些情况下，你可能需要使用达成一致的策略（如在第 10 章中所描述的多数原则）。在实施调查之前，给参会者一个平台来讨论备选答案。

图 7.5 提供了一个调查结果的例子。

1. Which growth alternative would you prefer for our focus?	Results
a. Alternative #1: Expand by focusing on new product offerings in the existing customer base.	1/10 (10%)
b. Alternative #2: Expand by focusing on new vertical markets with existing products.	7/10 (70%)
c. Alternative #3: Expand by focusing on opening our initial international office.	2/10 (20%)

图 7.5 调查结果

优先级排序：打钩法（多轮投票）

目的：确认最重要的项目。

使用示例：对于 15 种可能性，哪些项目应该优先考虑？

在面对面会议中，有许多方法来进行排序，包括举手、匿名投票、使用贴点以及加权评分等。在虚拟会议中，我们发现首选的方法是使用虚拟会议平台上的注释功能的打钩法。下面我们描述一下这种方法。

1. 提前准备好你的屏幕。
2. 对活动和目的进行描述。

   “我们的下一步是对这些改进方法进行优先级排序，以确定我们首先应该实施的那些措施。”

3. 给出一般性指示。

   “我们首先要确定用来进行优先次序排列的最重要的标准。然后，我会给每个人一定的打钩数，大家可以用打钩的方式表示你们觉得会对我们的会议有最大影响的那些改进措施。打钩数最多的改进方案会成为我们优先考虑实施的方案。”

   “然而，在开始打钩之前，我们会有一个特别的游说时间。看一下，如果我参与投票的话，我希望每个人都能投票给我想投票的那些策略。如果我认为最重要的策略却只有我自己投了票，我会很遗憾的。游说时间就是要解决这个问题。在任何人开始打钩之前，我们每个人都有一分钟与整个小组分享一下我们认为需要获得打钩的关键项目，最重要的是，要说明原因。我们会按照名单进行游说，从 Ken 开始。在每个人利用这一分钟时间进行游说之后，我们开始进行打钩。”

   “所以，总结一下：首先，我们将要讨论出我们进行优先级排序的标准；其次，我们会有一个游说期；最后，我们将进行投票并对结果进行回顾。有什么问题吗？”

4. 向团队推荐标准，并在寻求接受前询问他人的建议。

“在排序时，我们通常喜欢用三个标准（在屏幕上打出这些标准，以便大家都能看到）。影响的程度可能是最重要的：这项改进措施对于整体绩效评估流程的影响是什么？高、中，还是低？成功的可能性是我们的第二个标准。如果我们选择实施这一项改进措施，根据改进的性质、我们的技能及其他因素，我们有多大的把握取得成功？最后，我们要看成本效益情况。相比其他措施而言，这个改进措施的成效比如何，相对于成本来说，能否产生最大的收益？让我们按照名单顺序，从 Lisa 开始，确定是否还要加入其他标准。Lisa，你是否有其他标准加入进来？”

5. 在标准建立后，为每个人提供了一个游说的机会，以取得小组的支持。

“我们已经确定了标准。现在，在进行投票表决之前，我们将有一分钟的时间来阐明我们认为应该给予最高优先级的策略，并解释为什么。‘为什么’是最重要的部分，因为它可以让我们每个人更好地理解这项改进措施的价值。我想根据我们的名单顺序进行，从 Tony 开始。每个人都可以选择‘过’或者‘游说’。Tony，你觉得呢？你想要‘过’还是要‘游说’？”

6. 确定每个参会者都可以使用的对钩数。对钩的数量应占事项总数的 20%~30%。例如，有 20 个事项，考虑给每个人 4~6 个对钩数。为了获得更大范围的优先得分，考虑同时使用对钩标记和叉标记来标注不同的价值观。

“现在游说已经关闭，让我们来确定优先的事项。你们都有三个绿色的对钩标记和两个红色的叉标记。每个绿色的对钩标记计三分，每个红色的叉标记计一分。把绿色对钩标记放在你认为最重要的三个改进措施上面。把红色叉标记放在你希望看到同样被选上的两个其他措施上面。你不能在一个项目上放置多个标记。”

“你有 5 分钟的时间来投票。在投票时，请你记住我们确定的标准。有什么问题吗？”

7. 回顾结果，并就所投出的优先项目继续推进达成一致。如果没有达成共识，就用第 10 章中所描述的达成共识策略来解决这个问题。

“在头脑风暴活动中所得到的 15 个改进措施，似乎只有 7 个得到了选票。在这 7 个措施当中，得票最多的前五名显然是胜出者。”

“虽然我们可以实施所有这些措施，但很显然，我们要先从以下这些措施开始……现在，我们按照名单顺序，从 Joe 开始来看一下我们是否能达成共识。如果你认为这些优先顺序没问题，给我一个‘是’，如果你认为有问题，给我一个‘否’。Joe，我们开始吧！要从这五条建议开始，你选择‘是’还是‘否’？”

图 7.6 展示了上述优先级排序会议所得到的结果的相关信息。

Priority of Improvements

Tally	Priorities
3333331 *(19)*	1. Rate meetings at the end and indicate how to improve.
3333311 *(17)*	2. Provide managers training on running better meetings.
33331 (13)	3. Provide a resource guide on how to be a better meeting participant.
31111 *(7)*	4. Have quarterly awards for best run meeting or best meeting leader or most productive results.
1 *(1)*	5. Have an annual meeting feedback survey where meeting leaders get rated by their people.
33111 *(9)*	6. Grant people meeting rights.
1 *(1)*	7. Track progress on how we are improving meetings.

Note: (“3” represents the check marks, which count for three points each; “1” represents the x-marks, which count for one point each. The total score is shown in italics in parentheses.)

图 7.6 优先级排序结果

问答

目的：识别特定问题并进行回答。

使用示例：关于这一点，我们有什么疑问或问题？

为了使问答时间的利用最大化，考虑事先收集所有的问题，对问题进行分组，然后同时对每组问题进行回答。这种方法有助于确保最关键的问题首先得到回答，而且可以提供完整的问题概览，以便更好地管理用于回应的时间。

1. 事先在屏幕上写好标题。
2. 对活动和目的进行描述。

   “现在我们已经听完了一位专家对于我们组织内部的会议改造方面的介绍，让我们花一分钟的时间来确定我们需要回答的其他问题。这将使我们立即得到所有问题，并会给我们的发言者一个机会来回答所有的问题。”

3. 向参会者发出指示，包括从名单中的谁开始提问。当你在屏幕上记录他们的提问的同时，你会有几轮来收集问题。

   “我们将按照名单进行，从 Andrea 开始，请大家确定出根据刚才的演讲，你想要看到答案的最重要的问题。请提出你的问题或者在轮到你时喊‘过’。我们会进行三轮，或者直到有一轮没有什么新的问题提出为止。有什么问题吗？”

4. 提出一个开场问题，帮助小组寻找他们的答案。

   “我们刚刚听取了其他组织所使用的改进会议策略的介绍。试想一下你听到的信息、你想听到的更多的信息，以及能够帮助我们设计我们自己的会议改造流程的具体问题。Andrea，我们开始吧。你想要看到答案的一个问题是什么？……Bob，你是下一个……”

5. 回顾所提的问题，然后使用分组技术为他们进行分组。

   “看起来我们一共有 15 个问题。我们将按照名单从 Tony 开始，将我们的问题分为不同的类别。这会让我们能够在同一时间内处理所有相关的问题。第一个问题是：‘你知道有没有一个组织实际上授予了他们的员工会议的权利？’Tony，第一个类别比较适合的名字是什么？好，现在我们有了 A 类——授权。Bob，第二个问题是什么？是……它属于授权的类别，还是需要一个新的类别？好，我们再看下一个问题……”

6. 设置一个检查点，然后把它交给演讲者回答问题。

   “现在我们已经确定了我们需要答案的关键问题，并将它们分为五大类。现在让我们把它交给演讲者，他将用最后的 30 分钟来回答每一组问题。这将有助于确保我们得到了最重要问题的答案。如果时间还有剩余，我们会放开时间来提出其他问题。因此，让我们听一下演讲者的建议，他会告诉我们他首先要处理哪一组问题……”

图 7.7 提供了问答分组的结果。

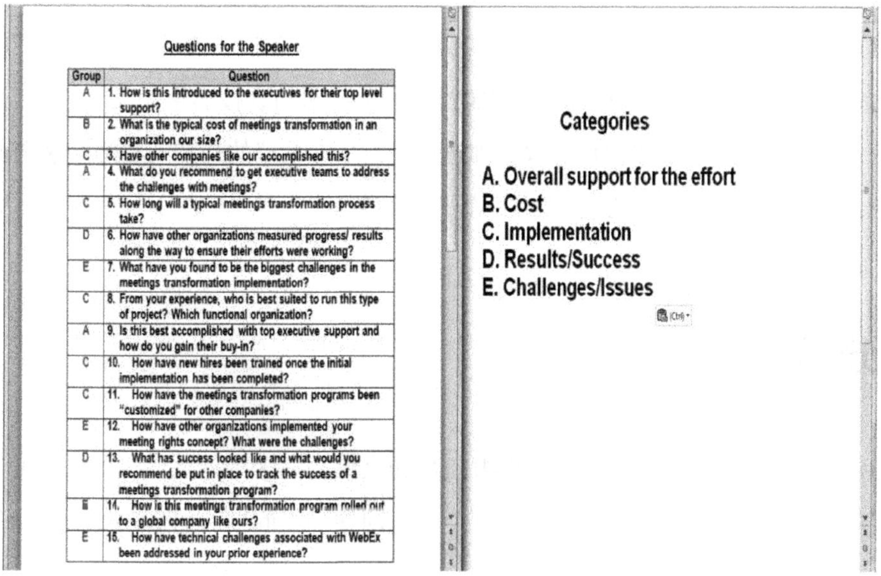

Questions for the Speaker

Group	Question
A	1. How is this introduced to the executives for their top level support?
B	2. What is the typical cost of meetings transformation in an organization our size?
C	3. Have other companies like our accomplished this?
A	4. What do you recommend to get executive teams to address the challenges with meetings?
C	5. How long will a typical meetings transformation process take?
D	6. How have other organizations measured progress/ results along the way to ensure their efforts were working?
E	7. What have you found to be the biggest challenges in the meetings transformation implementation?
C	8. From your experience, who is best suited to run this type of project? Which functional organization?
A	9. Is this best accomplished with top executive support and how do you gain their buy-in?
C	10. How have new hires been trained once the initial implementation has been completed?
C	11. How have the meetings transformation programs been "customized" for other companies?
E	12. How have other organizations implemented your meeting rights concept? What were the challenges?
D	13. What has success looked like and what would you recommend be put in place to track the success of a meetings transformation program?
[illegible]	14. How is this meetings transformation program rolled out to a global company like ours?
E	15. How have technical challenges associated with WebEx been addressed in your prior experience?

Categories

A. Overall support for the effort
B. Cost
C. Implementation
D. Results/Success
E. Challenges/Issues

图 7.7　问答结果

轮流

目的：从所有参会者那里获得输入。

使用示例：我想要创建一个现有流程的优势清单。让我们根据名单顺序开始……

轮流技术往往与另一个调动策略（如头脑风暴、列清单、调查、优先级排序）一起使用，确保你从所有参会者那里获得输入。

1. 从陈述目的开始。

　　“我想要建立一个针对当前绩效评估流程的优势列表。”

2. 宣布谁先开始。这样做会使那个人在你提问的时候仔细倾听，并准备好答案。

"让我们从 Joe 开始，按名单顺序进行。"

3. 根据你要和轮流法一起使用的调动策略，提出开场问题。

   "请思考一下最后一次绩效考核周期。想想你喜欢的东西、一些运行较好的东西、一些真正有效的东西。我们把这些东西列一个清单。Joe，我们开始。我们目前的绩效评估流程的一个优势是什么？"

4. 使用轮流法，你应该不断地改变起始人，以避免同一个人总是第一个发言。
5. 不管起点如何，一次一定要按照相同的顺序进行，按名字叫人。这可以让人们准备答案，也可以使会议更加迅速进行。在会议的初期就要确立这个顺序。
6. 可以经常使用轮流法来获得每个人的答复。

分组

目的：提高参与性、有效性、小组能量和聚焦。

使用示例：我们来分一下小组，每个小组回答一类问题，可以吗？

当议程需要某个流程重复进行几次的时候（如为四类会议问题确定解决方案），分组是特别适合的。

1. 让参会者知道他们即将被分成子小组。

   "在 1 分钟后，我们将分成小组来确定三个优先策略，以解决我们的每类会议问题。"

2. 用整个团队完成第一个元素。

   "然而，在分成子小组之前，我想我们大家可以一起来处理一个类别的问题，以便让每个人都知道我们正在做什么、如何做以及每个团队的产出是什么样的。"

   "让我们一起来做……我们会先花 5 分钟用头脑风暴产生解决方案。然后我们将有一个游说时间来讨论我们每个人认为最大潜力的解决方案。然后我们会投票选出前三个。现在我们开始……"

3. 分成小组。

“我们还有三类问题，让我们进行 1~3 报数，分成三个小组……好，现在所有报 1 的人留在这里，所有报 2 的人使用我们的虚拟会议平台的分组功能……”

4. 任命团队负责人和记录员/汇报人。

“我们需要任命团队负责人。我想请在你们团队中，第一个名字的首字母最接近字母表底端的人来担任团队负责人。名字是倒数第二个接近字母表底端的人担任记录员和汇报人。”

5. 就时间、产出、创造流程和进展里程碑给出小组最后的指示（如当时间进行到一半时，你应该进行到什么程度），然后开始分小组工作。

“在开始之前，让我先回顾一下指示。你们将有 30 分钟来确定出你们小组所领到的会议问题类别的解决方案，并确定出三个最好的策略。这个流程是，先花 5 分钟用头脑风暴寻找解决方案。然后，你们会有一个游说时间来讨论每个团队成员认为最有潜力的解决方案。然后你们要投票选出三个方案。作为一个里程碑，到 20 分钟关闭的时候，你应该已经开始了游说时间。有什么问题吗？”

6. 对活动进行监控。

当虚拟团队正在工作的时候，你希望对各个子空间的活动情况进行监控。具体来说，你要确保每个团队的进展情况符合预期，所交付的项目接近期望，同时在规定的时间框架之内。

7. 关闭子空间，请每个小组报告结果。

“现在我们都已经完成了，让我们听一下每个小组的讨论结果。你们会有 3 分钟的时间描述你们小组所提出的解决方案，并解释为什么这些方案是最合适的。”

竞速反馈

目的：请每个人对问题做出简短的回答，从而获得大家的快速反馈。

使用示例：对每个问题给出一两个词的回应："你现在对于会议的感觉如何？"

1. 明确地描述目的。

   "我们已经进行到会议议程的一半了，我想做一个氛围检查，以确定大家对于此次会议的感觉。"

2. 提供指示。

   "让我们从 Rick 开始进行轮流。我们会从他开始按照名单顺序进行。我期望每个人对于问题给出一个一两个词的回答：'你现在感觉怎么样？'"

3. 确保每个人都准备好了。

   "在我们开始之前，我想确保我们每个人都已经准备好了一到两个词，因为一旦我们开始，速度会很快。所以，如果你准备好的话，我会从 Rick 开始来问。如果你准备好了对于这个问题的一两个词的话，就回答'是的'。'你现在对于此次会议感觉如何？'"

4. 开始。

   "好，听起来好像每个人都准备好了。所以，让我们从 Rick 开始，我们会顺着名单很快进行下去。Rick，我们开始吧！你对于'你现在对此次会议感觉如何？'这个问题的一到两个词的回答是什么。"

5. 对我们所听到的信息进行反思。

   "让我们反思一下我们刚才所听到的信息。鉴于这些评论，有人对于我们如何度过会议的后半部分有什么样的变更建议吗？"

6. 尽管你会得到所有的意见，对于小组来说，从已经准备好答案的某个人开始，并且这个人倾向于给出非常积极的反应，可能是比较有帮助的。这将使会议获得一个积极的开始。

7. 没有必要记录下来自这个活动的评论，因为它会使小组慢下来。
8. 对于小组来说，对所听到的内容进行反思，根据反思提出相应建议，然后对这条建议进行决策非常重要。此时，你可以考虑使用达成这一目的的少数服从多数原则的相关流程（见第 10 章）。

总结：收集信息的策略

总之，在优秀的虚拟会议中收集信息的有效策略包括：

策略 37　对于虚拟会议的每项议程，根据议程项的目的使用适当的流程。

策略 38　要产生想法，使用头脑风暴法。

策略 39　要创建一个详细的信息列表，使用列清单法。

策略 40　要对信息进行分类，使用分类法。

策略 41　要找出最重要的项目，使用优先级排序法。

策略 42　要收集意见和输入，使用反馈或调查法。

策略 43　要获得快速反馈，使用竞速反馈法。

策略 44　要增加参与性和提高效率，使用分组法。

策略 45　识别和应对具体问题，使用问答法。

策略 46　要从每个人那里获得响应，使用轮流法。

第 8 章

关闭与跟进

☑ 虚拟困境

☑ 关闭与跟进清单

☑ 回顾会议中讨论过的所有议项

☑ 确定做出的决策

☑ 处理悬而未决的问题

☑ 布置行动

☑ 评估会议

☑ 感谢参会者和关闭会议

☑ 整理和分发会议记录

☑ 会议跟进以确保人们对行动负责

☑ 总结：关闭与跟进的策略

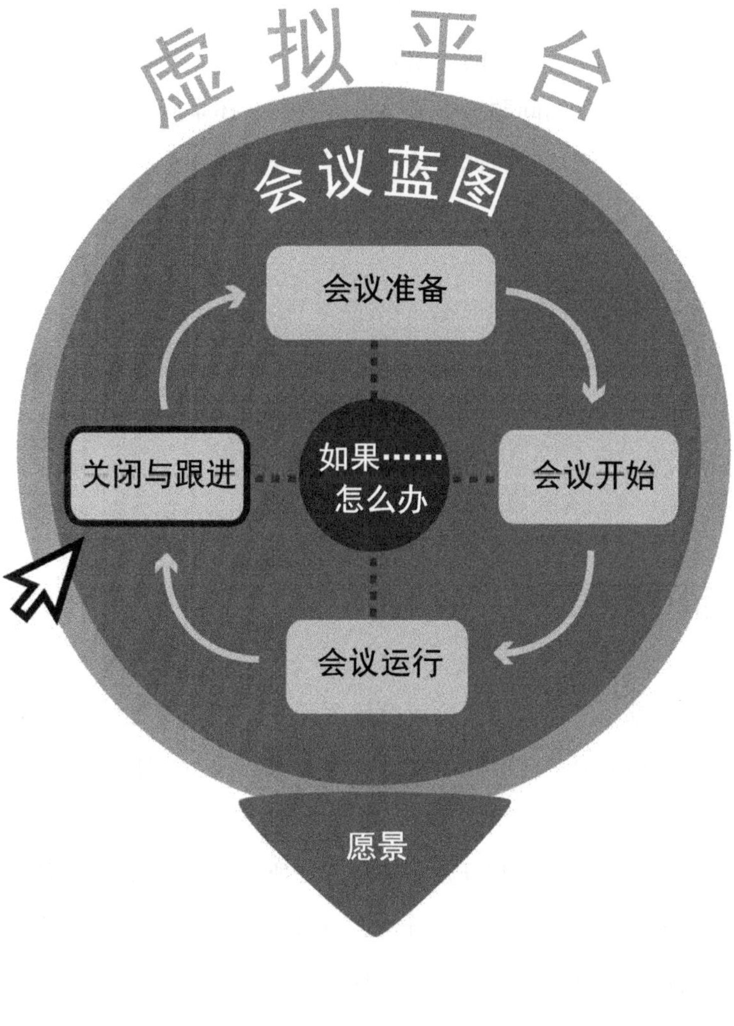
虚拟平台
会议蓝图
会议准备
会议开始
会议运行
关闭与跟进
如果……
怎么办
愿景

虚拟困境

你已经来到了会议的关闭阶段，准备关闭会议。团队做出了两项决策，目前都列在了决策清单中。另外，在行动清单上还有两项行动，问题清单上还有三个问题。你很清楚地知道如何处理所做出的决策和行动，但你并不知道应该如何对待那些列在问题清单上的悬而未决的问题。你应该忽略它们？还是假设如果这些问题确实重要的话，人们还会提到？或者，你应该冒着延长会议的风险，把这些问题带到团队面前吗？

在会议关闭时，应该如何对待悬而未决的问题？

关闭与跟进清单

当所有议程项都已经完成时，会议就该关闭了。在关闭之前，还需要做一些事情，在关闭之后，还需要进行后续的跟进。如表 8.1 所示，本章包括关闭会议和跟进两部分的内容。

正如前面几章所讲的准备和开始一样，并非所有会议都需要进行所有的关闭和后续跟进步骤。关闭可以短至仅仅 5 分钟，也可以长至 45 分钟，甚至更长的时间，这取决于小组的规模和你所使用的步骤。你应该根据你所引导的会议的情况，对上述清单进行调整。带星号（*）的项目应该在每次会议中都要进行，无论参会人数是多少。

表 8.1　关闭与跟进清单

关闭与跟进清单
❑ 回顾会议中讨论过的所有议项。
❑ 确定做出的决策。*
❑ 处理悬而未决的问题。*
❑ 布置行动。*
❑ 评估会议。
❑ 感谢参会者和关闭会议。*
❑ 整理和分发会议记录。
❑ 会议跟进以确保人们对行动负责。*
*推荐给所有会议使用

回顾会议中讨论过的所有议项

在会议关闭之前，我们要回到议程上，总结在会议期间完成的所有活动。

- 这种回顾可以再次提示参会者，我们在会议中做了什么，也能够提供一种成就感。

  “让我们顺着议程来确定一下，在这次会议中我们已经完成了什么。”

- 如果关键主题或参会者的成果都得到了确认，回顾这些成果，确保所有问题都被覆盖到了。

  “我们也要确保每个关键主题都被覆盖到了，或者我们是否需要将其中的任何一个添加到下一次会议的日程中。”

确定做出的决策

下一步，回顾决策清单，即用于记录决策的停车场。

- 决策回顾的目的是提醒小组他们已经做出的决策有哪些。

  “接下来我们回顾一下我们在这次会议上做出的决策。我会挨个进行。如果这些决策中的哪一个记录得不太正确，请告诉我停下来。”

- 在会议召开之后，参会者可能被问到为什么会做出某项决策。在会议的最后阶段，要为参会者做好回答这种问题的准备，所以，在最后的时间里，要抽出时间讨论一下每项决策的好处是什么。

  “为了确保我们每个人都明白为什么要做出这些决策，让我们花一点时间为每项决策增加一两个能够打动人的方面，记录我们期望得到的好处。让我们从第一个决策开始，这个决策是……想一想我们能从中获得的好处是什么。让我们列出一到两个好处。”

处理悬而未决的问题

问题清单是指那些在会议期间出现在的停车场上的问题，这些问题或者是在之后的会议中将要解决的，或者是与会议完全不相关的。在会议关闭时，从列表中清除所有剩下的问题非常重要。

提出清理问题清单的问题

作为快速处理问题清单的系统化方法，针对每个问题，使用下面的顺序提问：

- “我们已经谈到了吗？”（如果是这样的话，继续下一个问题。）
- “我们需要去讨论吗？”（如果不需要，继续下一个问题。）
- “我们需要现在讨论吗？”

— 是：设置一个时间限制，并引导讨论。

— 否：将问题移到行动清单中。

布置行动

行动清单包含会议完成后的某个时间点需要进行的活动，如表 8.2 所示。

表 8.2　行动清单

行　动	谁	何时
1.		
2.		
3.		

询问行动的问题

- “这个行动是否需要完成？”（如果不需要，放弃并继续下一个行动。）
- “应该由谁来做？”
  — 不适合将任务分配给不在房间里的人。
  — 如果这一行动最好由房间之外的某个人来执行，将该行动分配给一位在房间里具有一定权威的人，请他安排这个人来实施该项行动。
- “你什么时候能完成？”
  — 如果合适的话，请负责该行动的负责人来设定完成日期。

评估会议

从参会者那里获得反馈，可以获得持续改进虚拟会议的有价值的建议。考虑在第 7 章中所描述的反馈步骤，并与简短的评估系统相结合来对会议进行评估。

1. 从优势开始。

“让我们从优势开始。我想按名单顺序进行，从 Andrea 开始。我希望大家来确定对于这次会议我们所喜欢做的一件事，以及某个有效的方式。如果已经有人说了你所喜欢的事情，就可以说‘同上’。”

“所以，想想关于此次会议你所喜欢的事情，那些做得不错的方面，那些人们似乎非常投入的、真正有效的方面。我们来列一下清单。Andrea，我们开始吧！关于此次会议，你喜欢的是什么？哪些方面做得不错？”

2. 评估会议。

“让我们用我们自己的评估标准来对会议进行评估。请记住我们的评价体系：3 意味着会议做得很好，2 意味着做得好，1 意味着不够好。你如何评价……”

准备与开始方面？（如会议通知、参会者准备、准时开始、明确的目的和议程）

保持专注方面？（如保持在正常的轨道上、有适当的细节）

小组动力方面？（如在一起工作、每个人都参与、处理分歧和最大限度地减少失当行为）

结果方面？（如好的决策、明确的行动和后续计划）

总体评价？

3. 可改善的方面。

“我们已经讨论过优势，并对会议进行了评估。让我们继续看一下可改善的方面有哪些。让我们再进行一轮，这次从 Sandy 开始。看一下评估情况，特别是那些得分较低的方面。试想一下，我们可以做些什么事情来改善这些评分：那些我们在下一次会议中应该做得更好的事情。你建议我们做哪些不同的事情来使会议更好呢？我们开始吧，Sandy。”

4. 回顾每条改进建议，并请大家确定一下对于每条建议的支持数。

“让我们现在回头来看一下每条改进建议。对于每条建议，我想得到一个粗略的支持程度的指示。当我读到每条建议时，如果你同意这条建议，请点击‘举手’按钮。第一个是……有多少人同意这条建议会改善会议？看起来大约 80%。关掉‘举手’按钮，让我们来看下一个……”

感谢参会者和关闭会议

最后，要通过对每位参会者的出席表示感谢的方式来关闭会议，要提醒他们接下来要做些什么，以及下一次会议的时间。

- “谢谢你们参加这次会议。”
- “你应该在七天之内会收到此次会议的会议记录。”
- “我们的下一次会议是在［日期］的［时间］，是在同一个虚拟会议室里。我期待着与你们每一位的互动。”
- “现在会议正式关闭！”

整理和分发会议记录

哪些应该记录在案？会议记录应该包括哪些内容？考虑以下几点：

会议记录的项目

- 在会议期间做出的**决策***。
- 在会议期间安排的**行动***。
- 在会议上提出的供后续讨论的**问题**。
- 在会议期间所涉及的**相关分析和评论**。

然而，每次会议之后，并非所有项目都要求记录在案，但带星号（*）的项目应该被记录下来。最后的文件还包括资料员添加的记录，以便为读者提供清晰的内容或者提供相关的背景。要考虑将记录员所添加的内容标注为斜体，以便将这些内容与参会者所提供的信息区分开来。表 8.3 给出了一个会议记录示例。

表 8.3　会议记录示例

会议变革小组

来自××××/××/××的会议记录

会议变革小组于××××/××/××上午 9:00—10:00 召开了第一次会议，会议方式是虚拟会议。会议的参会者包括以下人员：

☐ Kathy K. —小组负责人

☐ Cleve C. —记录员　　☐ Ken M.

☐ Bill G.　　☐ Vanessa R.

☐ Trina J.　　☐ Andrea T.

以下是会议的会议记录（斜体字部分中的项目是由记录员添加的信息，以便更清晰地说明事项或者提供背景信息）。

A．会议目的和议程

在表示欢迎之后，小组负责人介绍了以下会议目的和议程，并得到了大家的认同。

<u>会议目的</u>

确认项目目标，就工作流程和我们的操作规范获得认同。

<u>会议议程</u>

a. 欢迎、目的和议程

b. 回顾小组目标

c. 确定完成小组目标的关键问题

d. 回顾小组的工作流程 （*总体规划*）

e. 确定小组规范和决策制定方法

f. 确定会议的后勤

g. 开始小组工作流程 （如果时间允许）

h. 确定下一步工作

B．小组目标

小组负责人向小组成员提供了小组的目标文件，下面的内容是由组织的领导团队提出的。

会议变革小组的总体目的是使我们的会议更加有效益、更加有效率、有更多的产出。

续表

C．关键问题

团队成员被要求确定他们觉得需要得到解决的关键项目，以确保我们的目标能够达成。这些项目列示如下。小组负责人表示，在整个流程中，我们会回到这个列表中，对列表进行添加，以确保所有问题都能够讨论到。

- 让每个人都能同舟共济。
- 解决长期开不好会议的管理者遇到的问题。
- 避免一开始轰轰烈烈，然后变得悄无声息。
- 确定如何衡量我们的成功。
- 如何在充分完成工作责任的同时，参与小组的活动。
- 确定什么时间完成。

D．总体规划

小组负责人介绍了总体规划——一个拟定的工作流程。经过长时间讨论后，小组对如下工作任务达成了一致：

- 确定在我们的会议中常见的问题，提供一份哪些方面需要调整的清单。
- 进行一次开会情况的调查，找到我们现在是如何开会的，以此作为基准线。
- 完成会议的权利、会议愿景以及总体规划。
- 完成能够衡量倡议是否取得成功的可量化结果。
- 制订一个支持计划——包括培训、辅导和示例——提升那些引导或参与会议的人员的技能。
- 制订奖励和责任计划。
- 制订监测进展和交流成果的计划。
- 向高层管理者提出草案，请求获得批准。
- 根据高层管理者的输入修订草案。
- 实施总计划，包括对结果的监测。

E．确定小组规范和决策制定方法

参会者同意了如下小组规范：

续表

- 在每次会议中全程投入。
- 一个时间段只讨论一个话题。
- 远离手机。
- 对小组和个人使用积极的用语。
- 尊重彼此的时间，在所有会议上都要提前至少 5 分钟到场，以便会议能够准时召开。
- 阅读事先下发的所有材料，承担起做好开会准备的个人责任。
- 对于任何问题或关心的事情，都要说出来。
- 在所有的多数原则决策时，使用五指共识法。

F. 确定会议的后勤

对于我们的会议，参会者认同下列事项：

- 东部时间每隔一周的周四下午 1:00—3:00 开会。

G. 现在的会议有哪些问题？

小组通过确定目前会议存在的问题，开始了会议的工作流程。

- 没有议程
- 迟到
- 不太参与
- 跑题
- 私下交谈
- 没有决策
- 没有结果
- 讽刺性评论
- 有太多的议程项目
- 没有真正的会议目的
- 某个人主导会议
- 过于关注细节
- 没有跟进

续表

H. 下一步

小组会于东部时间 zzzz/zz/zz 下午 1:00—3:00 再次开会。重点如下：

- 回顾行动清单。
- 确定第 2 步：会议调研。
- 确定第 3 步：会议愿景要素。
- 讨论如何在满负荷工作的情况下参与到小组工作之中（这会涉及对于领导团队的建议）。

I. 决策清单

下面是小组关于决策制定日期的决策清单。

1. 在（xxxx/xx/xx）同意小组规范。
2. 在（xxxx/xx/xx）同意小组流程。
3. 东部时间每隔一周的周四下午 1:00—3:00 开会（xxxx/xx/xx）。

J. 行动清单

下面是小组成员在会议之外需要采取哪些行动的行动清单，带有截止日期和责任人。当一项行动完成之后，在下一次会议记录上标上“已完成”的字样，然后在下一次会议记录中去掉该行动。

1. 整理和分发会议记录。（Bill G., nnnn nn/nn/nn）
2. 在书上查找初步的问卷和初步的会议愿景要素，将所建议的变革带到会议中来。（所有人, zzzz /zz/zz）

会议跟进以确保人们对行动负责

要确保在会议期间安排的行动都能够完成，要考虑如下跟进行动。

鼓励跟进行动的策略

- 在带有会议记录的电子邮件正文中，提醒参会者，会议记录中包括需要在下次会议之前完成的行动。

- 在下次会议召开的前几天，发一封电子邮件，强调在下次会议之前需要完成的行动。
- 在下一次会议的议程上，把对之前行动的回顾作为第一项或第二项议程。
- 在下一次会议上，要求人们报告应该完成的行动。
  — 为那些按时完成的项目喝彩。
  — 对于未完成的项目，要求负责人提供修订后的截止期限。

如果后续跟进遇到问题，当某个行动不能按期完成的次数超过一次时，考虑让小组就如何承担后果达成一致（如 20 个俯卧撑、送给每个人一份午餐券作为礼物、为接下来的三次会议提供会议记录等）。

总结：关闭与跟进的策略

总体来说，关闭虚拟会议和有效进行跟进的策略如下。

策略 47　在关闭会议之前，从头到尾回顾以下内容：

- 会议的议程和会议的所有内容，以及在会议一开始所确定的关键议题或参会者的产出。
- 团队所做出的决策，如有必要，将关键点记录下来。
- 任何悬而未决的问题，以确定需要对这些问题采取什么行动。
- 所有的行动，以确保为每项行动分配责任人和完成日期。

策略 48　使用一个简短的流程来确定优势、改进方案和对会议进行评估，获得大家对于如何改善未来的会议的宝贵反馈意见。

策略 49　为了让大家明确作为会议成果所做出的决策和所要采取的行动，在会议之后发送一份总结，内容包括决策、行动、悬而未决的问题以及在会议中记录的相关分析。

策略 50　为了确保在会议期间所分配的行动得以完成，发送一个通知，强调一下在下次会议前几天内要完成的行动。此外，在下一次会议上，把对前期所采取的行动的回顾作为会议议程的第一个或第二个项目。

第 3 部分

如果……怎么办

第 9 章

如果出现失当行为怎么办

☑ 虚拟困境
☑ 有意识地预防
☑ 早期觉察
☑ 干净利落地解决
☑ 摔门而去者
☑ 手机迷恋者
☑ 放弃参会者
☑ 插话者
☑ 早退或迟到者
☑ 高谈阔论者
☑ 唱反调者
☑ 流程攻击者
☑ 长篇大论者
☑ 在话题间跳跃者
☑ 言语攻击者
☑ 工作狂
☑ 能量低的团队
☑ 时间压力下的团队
☑ 回到虚拟困境
☑ 总结：管理失当行为的策略

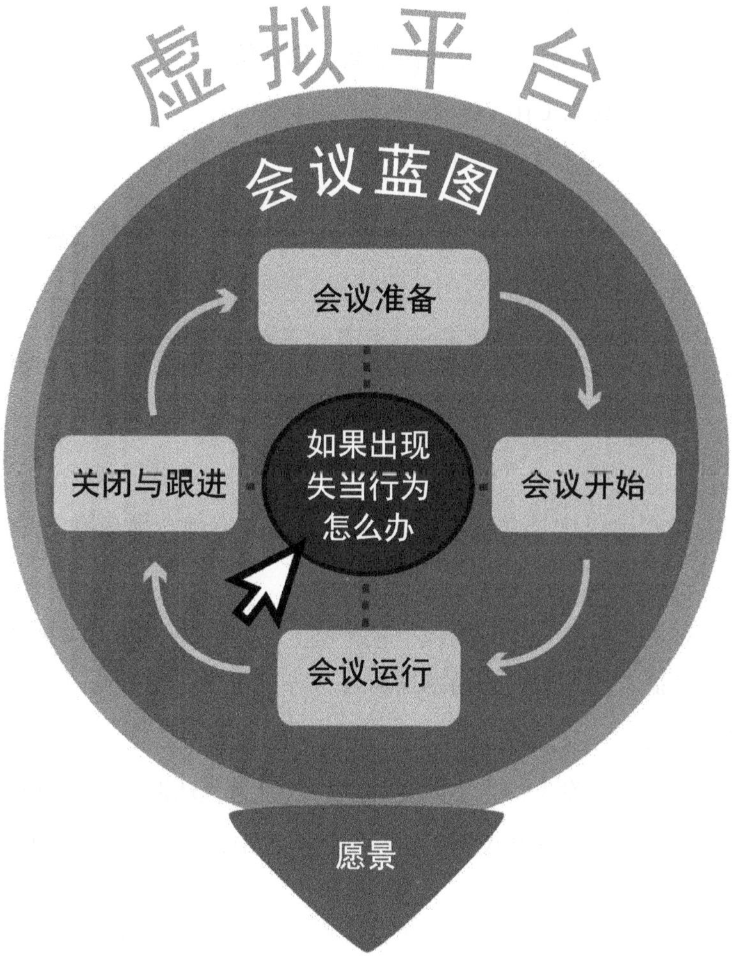
虚拟平台
会议蓝图
会议准备
会议开始
会议运行
关闭与跟进
如果出现失当行为怎么办
愿景

虚拟困境

这是绩效评估任务小组的第二次会议。讨论进展到了确定目前绩效评估流程存在的问题的阶段，你注意到，只有一些人在为会议献计献策。因为参会者没有使用视频电话，所以，你看不到别人正在做什么。你开始怀疑一些人可能同时在完成多项任务或者正专注于其他工作。

你想知道你是否应该等到下一项议程再解决这些潜在的失当行为，还是应该马上就处理这些失当行为。如果你选择现在就采取行动，你该做些什么呢？

无论是在虚拟会议中还是在面对面会议中，失当行为都会降低会议的成功机会。我们对失当行为的定义如下：

> 失当行为是指参会者自觉或不自觉地表现出来的、对于会议的内容或目的、引导流程或外部因素的不满的任何行为。失当行为是一种症状，而不是根本原因。

在虚拟会议中可能发生许多不同类型的失当行为，从退出会议及不参与到口头攻击某人，并带着厌恶离开会议室等。在虚拟会议中，你如何处理这些失当行为？

有意识地预防

首先，我们相信最好的失当行为是指那些根本不会发生的行为。因此，我们建议你在会议一开始就先发制人地防止失当行为。在准备过程中就要找出那些有可能在会议期间会表现出失当行为的参会者。具体而言，找出以下行为。

需要事先识别出的人

- 不赞成举行会议的人。
- 如果会议成功的话，会失去某些利益的人。
- 与他人有利害冲突的人。
- 倾向于指出问题，而不是解决问题的人。

基于这些信息，你应该采取一些具体的行动，防止发生失当行为。以下是我们经常使用的四个预防失当行为的策略。

预防失当行为的策略

- **增加基本规则。**

  正如第 4 章所描述的，基本规则是指得到大家所认同的、指导参会者彼此进行互动的一系列行为的集合。例如，你在准备过程中意识到，有一些人倾向于指出问题，而不是寻找解决方案，你可以添加一个基本规则："让事情变得更好。"你可以这样说："让我们避免花费所有的时间来谈论问题，相反，我们要将重点放在如何使事情更好上。所以，如果你发现了问题，或者找到了无效的原因，你同时必须给出一个使事情变得更好的解决办法。"
- **事前与特殊的人进行互动。**

  如果有人不赞成会议，或者相信如果会议取得成功的话，他们会失去某些利益，就要考虑事先与他们进行沟通。在谈话中，你可能提出一些问题，例如："你认为会议的真正目的是什么？可能会出现哪些问题？我们如何才能确保会议不是在浪费时间？"
- **密切关注特殊的反应。**

  如果你意识到某个特别的人不赞成这个会议或者有两个人的举止有些奇怪，在虚拟会议期间，你可能希望能够密切关注他们的行动和反应。当然，这时使用带有视频功能的虚拟会议平台就会特别有用。例如，你注意到当某一位特定的人说话时，其他两个人会带着不相信或蔑视的表情向后靠向椅背，你可能想要采取行动把这一潜在的失当局面转变为正常的情况。我们将在本章稍后的内容中介绍应该采取的最佳行动。

- **在休息期间，使用聊天功能进行私人谈话。**

  休息时间是一个与人们进行私下讨论问题，以避免出现失当行为的很好的机会。例如，在人们靠向座位后面但却并没有做出评论的情况下，你可能在休息期间使用私人聊天功能单独与他们谈话："你觉得这次会议怎么样？"或者更直接地说："我注意到了你对托尼所发表的评论的反应。你认为他提出的是一个现实的选择吗？……你的观点可能是很有效的。你可以将你的想法说给小组，以便我们能够获得一些不同的意见吗？"再一次强调，这样做的目的是鼓励解决问题的正当的方式，规避失当的方式。

早期觉察

如果不处理，失当行为往往会随着时间的推移变得更坏。那些一开始比较温和的刺激行为，如果不加以解决，会导致消极的攻击性行为或直接的言语攻击。为什么会出现这种情况呢？一个原因是，参会者的不耐烦程度会随着每一分钟而增加，他们认为你是在浪费时间。因此，如果你忽略了失当行为，并希望它自动消失，你可能为自己带来更大的麻烦。

因此，我们建议你积极寻找失当行为的早期迹象，一旦发现任何行为，立即采取行动。

失当行为的早期征象

- 不发言的参会者。
- 向小组公开抱怨或公开反对的参会者。
- 参会者的外在表现似乎表明他们并不认可。
- 参会者的身体语言（如两臂交叉）似乎表明对于会议的不安。

警告！

当然，即使你在虚拟会议期间使用视频，身体语言也可能很难察觉。此外，只是因为人们的手臂交叉并不一定意味着他们就要变得行为失当了。这也可能意味着他们房间里的温度太冷了。然而，在会议的过程中，你可以观察某个人的“基线行为”。你可能希望寻找到一些变化。例如，你会注意到，在一个评论之后的某个时机，有人离开桌子，或者在人们微笑和点头时突然退出了。

干净利落地解决

本部分主要介绍一些常见的干扰虚拟会议的失当行为。你如何对失当行为进行回应取决于失当行为本身以及其他因素，包括它发生的时机、受影响的人数，以及可能的根本原因。然而，你可以考虑使用下面的常用方式。

解决失当行为的常用方式

- 私下或公开地接触参会者。
  要么在休息期间进行私聊，要么面向整个小组做公开处理。注意，不要单独指出某个人。然而，有时在会议期间单独拎出某个人可能是不可避免的。
- 对症状保持同理心。
  赞扬他们的行为举止中适当的一面或者对他们的处境表示关注。
- 解决根本原因。
  通过提问能够找出失当行为发生的真实原因。
- 就解决方案达成共识。
  针对如何处理这种状况寻求共识。确保该解决方案能够解决失当行为的根本原因，而不仅是症状。

对于下面的每个常见的失当行为，我们提供了对于这些失当行为的描述，同时对其可能的原因、预防失当行为的策略、当失当行为发生时可以做些什么，以及事后可以做些什么以进一步解决失当行为等进行了描述。虽然大多数失当行为属于个体失当行为，但最后两个失当行为与整个小组有关。

- 摔门而去者
- 手机迷恋者
- 放弃参会者
- 插话者
- 早退或迟到者
- 高谈阔论者
- 唱反调者
- 流程攻击者
- 长篇大论者
- 在话题间跳跃者
- 言语攻击者
- 工作狂
- 能量低的团队
- 时间压力下的团队

研究各种失当行为，要了解它们的共同原因、预防策略以及当下需要采取的行动。提前准备有助于你预防失当行为的发生，并在这些行为发生时进行适当的反应。

摔门而去者

描　述	某人离开房间时表现出明显的厌恶。
常见原因	• 此人有一件与会议无关的事件需要立即处理。 • 此人不认为会议值得再投入更多的时间。 • 此人对会议内容或会议进程感到不满。
预　防	• 建立一项基本规则："每个人都在会议室中讨论问题；我们将讨论不可讨论的问题。"
即　刻	• "哦，比尔刚刚退出了会议。大家对这种唐突的行为感觉如何，我不认为这是因为他要去洗手间。" • "我们可以继续工作，但我敢打赌，很多人都想着比尔的离席。所以我想花上几分钟的时间来弄清楚刚刚发生的事情。谁能解释发生了什么，你认为为什么会发生这件事？" • "所以我们讨论过发生了什么，我们也对为什么会发生这样的事有了一个猜测。现在，我有两个其他的问题。我们应该对比尔做些什么？需要做些什么不同的事情来避免其他人做出比尔刚才的行为？" • 经过几分钟的陈述，小组可以得到对于此事件的共同观点。
事　后	• 跟进并确保商定的行动发挥作用。考虑与此人进行私下交谈。

手机迷恋者

描　述	此人的手机铃声不断地响，或者此人频繁打开手机看。
常见原因	• 此人有一个高优先级的活动需要在会议期间保持关注。 • 此人没有意识到手机会如何大幅降低所有参会者的效率。 • 此人认为会议没有价值，并试图充分利用出席会议的时间。
预　防	• 建立一项基本规则：在会议期间禁止使用手机。
即　刻	• 如果能进行私聊： “看起来似乎人们并不知道你在参加一个重要会议，所以他们一直打扰你。你能够把这个问题处理好吗？在接下来的会议中关闭手机好吗？” • 如果不能进行私聊： “托尼的手机铃声提醒了我，我们尽量保持手机关闭。我要检查一下整个团队，确保铃声不会再打扰到我们。”
事　后	• 私下讨论这一问题，以确保不存在其他问题。

放弃参会者

描　述	此人不参与讨论。
常见原因	• 此人是内向的沟通风格，很少在团队讨论中发表意见。 • 此人通常是健谈的，但由于工作压力或会议以外的其他因素而较少参与讨论。 • 此人对正在讨论的问题或会议的方式感到不满。
预　防	• 建立一项基本规则：每个人都要发言。
即　刻	• “在下一个问题上，让我们能听到每个人的声音。对于这个问题，我想先从 [给出一个人的名字，这个名字排在掉队者的前面两位]，然后按照名单顺序进行。问题是……” • 使用轮流式头脑风暴活动让每个人都参与进来。从掉队者前面的两个人开始，避免把此人放在首位，给他留出时间来准备一个答案。
事　后	• 私下讨论这一问题，以确保不存在其他问题。

插话者

描　述	此人不断打断其他人发言或接话。
常见原因	• 此人同意他人所做的评论，感到兴奋，并且希望表示支持。 • 此人对于别人说话的速度没有耐心。 • 此人认为他要说的话更重要，或者不同意他人的评论。
预　防	• 建立一项基本规则：只有一个人谈话，尊重发言者。
即　刻	• “你可以先保留这个想法，稍等一下，以便发言者有机会完成讲话，好吗？当你真的很想说点什么的时候停下来确实很困难，但是请记住我们的基本规则。”
事　后	• 私下讨论这一问题，以确保不存在其他问题。

早退或迟到者

描　述	此人在会议上习惯性迟到或早退。
常见原因	• 此人有其他会议或承诺，使他们难以准时出席或全程参与整个会议。 • 此人不认为此次会议值得优先考虑全勤参与。
预　防	• 提前发布会议通知，显示在会议开始前 5~10 分钟集合，表明会议目的和产出的重要性。 • 事先与此人联系以获得他对出席整个会议的承诺。与参会者达成协议，不论谁在场，会议都会准时开始。
即　刻	• “我要感谢所有在这里的人，感谢你可以来到这里，感谢你能够继续安排好时间表，以便我们可以准时开始。我们的下一个主题是……”
事　后	• 私下讨论这一问题，以确保不存在其他问题。

高谈阔论者

描　述	主导讨论的人。
常见原因	• 此人是外向的沟通风格，没有意识到由于自己倾向于频繁地先发言而限制了其他人发言的时间和机会。 • 此人意识到了这一倾向，并需要获得帮助以平衡说与听的时间。 • 此人故意想要占据主导地位，以限制讨论其他观点的时间。
预　防	• 建立一项基本规则：只有一个对话，充分分享。 • 事先与此人谈话，让此人知道你会试图让其他人发言。 "我很高兴你愿意发言，特别是大部分人保持安静的时候。我需要让其他人多发言，这样才能把他们的观点亮出来。所以，在下一次会议期间，有时候你会听到我说'好点子。让我们听听其他人的声音'，这样，我们就可以得到每个人的输入。"
即　刻	• "在下一个问题上，让我们听到每个人的声音。对于这个问题，我想先从［给出一个排在高谈阔论者名单之后的一个人的名字］开始，顺着名单进行。问题是……" • 使用轮流式头脑风暴活动让每个人都参与进来。通过引导谈话从远离高谈阔论者的顺序开始，每个人都能够先提供输入。
事　后	• 跟踪以确保不存在其他问题。

唱反调者

描　述	参会者发出令人不悦的叹息声或给出消极的言论，如“这是行不通的”，而不是提供解决方案。
常见原因	• 此人的沟通风格是专注于发现问题和风险的风格。 • 此人反对所提出的这个观点，并正在指出反对的理由。 • 此人反对所提出的这个观点，并试图制造绊脚石，以防止这个观点得到大家的认可。
预　防	• 建立基本规则：好处为先（在寻找问题之前先说明好处）；采取正面立场（说明什么是可以的，而不是描述什么是行不通的）。
即　刻	• 用乐观的态度说：“你可能是对的。我们如何把它做得更好呢？” • 唱反调经常表达负面的意见，而不提供替代方案。要通过把他们的注意力集中在创造一些更好的方案上的方式，避免进行关于什么是错误的辩论。
事　后	• 寻求达成共识：总是在提出问题之前先说明它的好处。

流程攻击者

描　述	此人对流程做出了负面的评论，或者要求改变流程。
常见原因	• 此人认为，需要通过变更来改善流程。 • 此人对这个流程或者会议引导者的处理方式感到不舒服。 • 此人对流程所产出的内容感到不舒服。
预　防	• 在讨论基本规则时，让参会者知道，在流程进行到大约一半时，你会做一个流程检查，但如果有人对流程有建议，发送私信给你，以避免占用团队的时间。
即　刻	如果有人建议变更流程，采取的行动有： • 感谢参会者提出的建议。 • 至少说出一个变更的优点。 • 解释为什么你认为保持原状会更好一些。 • 说明你愿意听听团队的意见。 • 询问团队他们是否同意变更。（为了避免带偏见的看法，不要问他们是否同意保持原状。）
事　后	• 在会议期间或在一个扩展性的休息期间，与流程攻击者进行谈话，确保没有一个其他问题存在。

长篇大论者

描　述	此人喜欢讲长长的故事
常见原因	• 此人有外向型的沟通风格，没有意识到讲话冗长的倾向。 • 此人意识到了这种倾向，需要在这一点上得到帮助。 • 此人意识到了这种倾向，相信每个故事对于团队来说都是有价值的，应该得到完整的沟通。
预　防	• 建立一个基本规则：营造分享的氛围。 • 与此人提前见面，让他知道在会议中只有有限的讨论时间。 "我可以看到讲故事能使人们对你要发表的观点勾画出一个更为强有力的画面。我的担心是，我注意到，当你开始讲故事的时候，有些人会放弃。有没有一种方式使你可以将结论放在前面，然后缩短故事，以便大家都能跟得上？这可能意味着我们可以在会议期间得到更多的东西……所以，在下一次会议上，如果我认为你可能要开始讲一个故事时，你可能听到我说，'让我们先给结论，以便人们更好地跟上你'。"
即　刻	• "让我们记住基本规则，先讲结论，保持简短，这样人们就可以更好地跟上了。"
事　后	• 跟进以确保没有额外的问题存在。

在话题间跳跃者

描　述	此人经常带着团队偏离主题。
常见原因	• 在前一个话题完成之前，此人经常转换到新话题上，这是此人的沟通风格。
预　防	• 建立一个基本规则：只有一个对话；一个时间段一个话题。
即　刻	• “这是一个有趣的观点。如果可以，我们可以把这个问题放在之后要讨论的清单上，现在回到谈论……？”
事　后	• 当新主题出现时，考虑与此人就使用问题清单达成一致。

言语攻击者

描　　述	一个人对某人做出了负面的评论，或者劈头盖脸教训了一顿。
常见原因	• 会议期间的分歧升级到言语攻击。 • 来源于会议之外的紧张或问题，升级成为会议期间的口头攻击。
预　　防	• 在会议之前确定可能的问题。 • 建立基本规则：讨论不能讨论的事项；对人要温柔，对观点要坚持。 • 主动将谈话重点放在寻找解决方案而非确认过失上。
即　　刻	• 如有必要打断他，终止辩论。然后让讨论慢下来，重建秩序。 “让我们先暂停一下。我们有重要的问题要讨论，我们已经建立了基本规则来帮助我们做到这一点。我们的一个基本原则是对人要柔软，对观点要坚持。如果把重点放在责备上，我们就不可能成功。如果可以的话，我想继续讨论，但只有尊重彼此，理解问题，把重点放在提出解决方案之上，我们才能继续讨论。我们可以做到这些吗？”
事　　后	• 考虑休息一下，之后再重新召开会议。 • 考虑分别与各方交谈，以确定问题和采取适当的行动。

工作狂

描　述	在开会时此人还在完成其他工作。
常见原因	• 在会议期间，此人有一个更高优先级的活动需要去关注。 • 此人认为会议没有价值，但为了表现良好又不得不出席。
预　防	• 建立一个基本规则：只做与会议有关的事情（在会议上只做与会议相关的工作）。
即　刻	• 如果可以进行私人谈话或聊天： “看来你有一些重要的工作要做，这个会议让你处于冲突之中。如果我们能取得成果，就需要你的充分关注。你可以放下手头的工作吗？” • 如果不可能进行私人谈话： “我知道我们确定了基本规则，在这里，我们只能做与会议有关的事情。我想确定一下——这个基本规则对每个人都有用吗？”
事　后	• 私下就这个问题进行交流，确保没有额外的问题存在。

能量低的团队

描　　述	虚拟空间中的能量较低。
常见原因	• 该组成员的沟通风格普遍比较内向，很少会在团队讨论中提供意见。 • 该团队对本主题的兴趣度低，或者演讲者或会议引导者的呈现方式比较低能量。 • 讨论是在一个低能量时期（如在午餐后）进行的。
预　　防	• 确保主题和演讲者适合观众。 • 在低能量期间，规划议程来使用各种不同的调动策略。
即　　刻	• 在低能量时期，考虑使用竞速反馈、分组或轮流使每个人都参与进来（如“让我们得到每个人对于下一个问题的答案”）。
事　　后	• 在评估会议时，寻找低能量的其他可能的原因，如对话题缺乏兴趣。

时间压力下的团队

描　述	你延时了。
常见原因	• 在时间段内，议程中安排了太多的项目要去完成。 • 会议在不太重要或者离题的事项上花了太多的时间。
预　防	• 在会议开始时审查议程，确定每项议程的目标时间。 • 把那些不太重要的项目放在议程的末端。 • 使用一个计时器；当一个项目的截止时间快到时，提醒团队。 • 保持弹性，在必要且得到团队同意的情况下，允许额外增加时间，但要在适当的时候关闭讨论。
即　刻	• "我们已经接近这个项目的时间限制了。我们可以在这里关闭讨论，或者我们需要更多的时间吗？……好，让我们再加 5 分钟，但是让我们看看能不能尽快关闭。" • "看来，按照我们现在的节奏，我们将无法对最后一项议程所需要讨论的内容进行深思熟虑的讨论了。把这项议程放在我们的下一次会议上，还是有更为合适的选择呢？"
事　后	• 在对会议进行评估时，寻找时间压力背后的原因。在一个单独的会议中找出解决问题的方法，或者在规定的时间内完成更为现实的工作量。

回到虚拟困境

在本章一开始的虚拟困境中，你可能认为，一些会议的参会者可能正在完成多项任务或者专注于其他工作。我们提出的问题是："你应该等到下一项议程时再解决这种潜在的失当行为，还是应该马上做些什么？如果你选择采取行动，你该怎么办？"

根据本章所描述的策略，当这些行为发生时，你可能想要去解决这些行为。假设你确认行为是掉队了，你最有可能使用轮流的方式让掉队者做出贡献。首先要做出这样的说明："要确保我们每个人都参与进来，这一点很重要。"你可以在休息时间进行一个私聊，以确保没有其他问题发生。

总结：管理失当行为的策略

总之，在虚拟会议中管理失当行为的策略包括以下几种：

策略 51　了解困扰虚拟会议的典型的失当行为，以便做好预防准备，在出现这些行为时，准备好应对策略。

策略 52　在一般情况下，当处理失当行为时：

- 私人或公开进行。
- 对症状感同身受。
- 解决根本原因。
- 就解决方案达成共识。

第 10 章

如果出现分歧怎么办

- ☑ 虚拟困境
- ☑ 定义共识
- ☑ 备选方案：五指共识法
- ☑ 对于较小的决定：少数服从多数原则
- ☑ 人们出现分歧的三个原因
- ☑ 层级 1：缺乏共享信息
- ☑ 层级 2：经历或价值观不同
- ☑ 层级 3：外部因素的影响
- ☑ 解决层级 3 的问题： 把问题提给更高层
- ☑ 解决层级 1 的问题： 描述备选方案
- ☑ 解决层级 2 的问题： 优势、劣势、融合
- ☑ 回到虚拟困境
- ☑ 总结：获取共识的策略

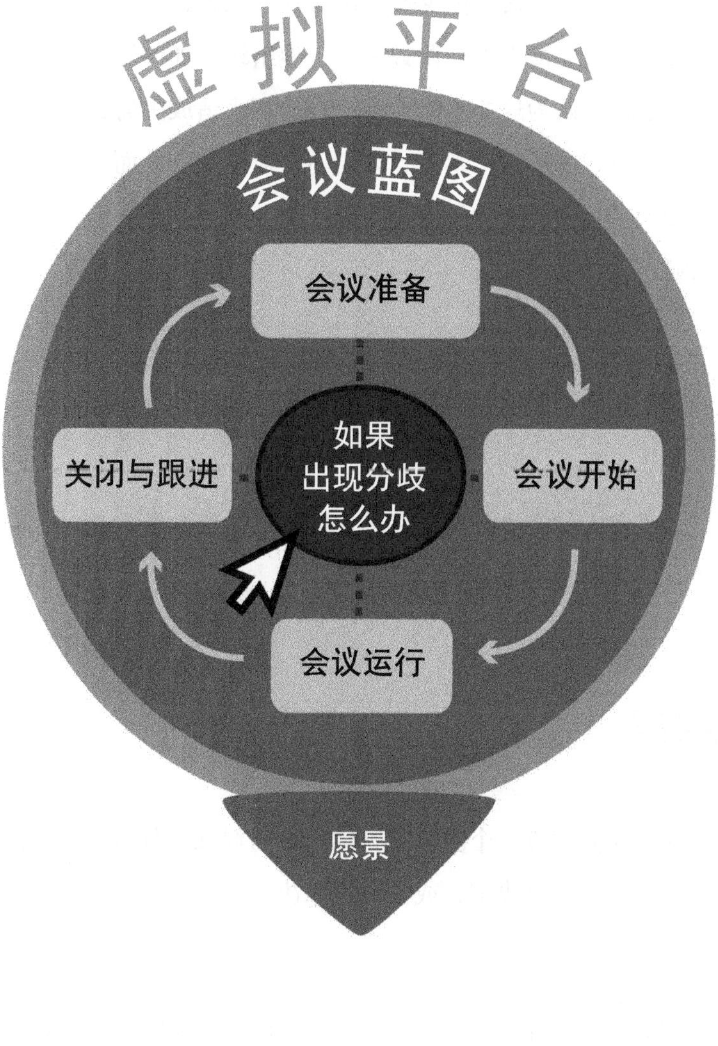
虚拟平台
会议蓝图
会议准备
会议开始
会议运行
关闭与跟进
如果
出现分歧
怎么办
愿景

虚拟困境

设想一下：改进绩效评估流程的第三次虚拟会议进行得一直很好。参会者的参与度很高，小组工作进展显著。但突然，没有任何预警，一个大的分歧爆发了。一部分人认为，重要的是要慢下来，调查一下其他组织是如何做绩效评估的。其他人却不希望有任何延迟，认为这样可能为新流程的产生造成阻碍，无法应对即将到来的绩效评估周期。声音变得越来越大，人们不再彼此倾听，而你感觉到小组中的大多数人可能都卷入了其中。你知道，你必须采取控制行为，帮助小组达成共识。你应该做些什么呢？

你需要采用什么流程来帮助小组达成共识呢？

本章将让你了解人们产生分歧的三个原因，以及当分歧发生时人们达成共识的五种技术。让我们先给共识下一个定义。

定义共识

一个决策什么时候才算一个决策呢？你什么时候知道你有了足够的共识，可以继续向前推进了呢？你应该决定，或让小组来决定制定决策的方法。以下是几种制定决策的备选方法：

领导进行决策	小组讨论各种备选方案的优缺点，领导者做出最后的决策。
领导一票否决	小组基于以下方法做出决策，但是领导保留否决权。

少数服从多数原则	决策是由多数人投票决定的。少数服从多数原则比较快速，但是，由于没有经过充分的讨论，没有达成充分的共识，这种方法也可能得不到最佳的解决方案，以及在实施时事倍功半。
绝对多数原则	小组进行辩论，直到大多数参会者同意某一个备选方案为止。这个绝对多数经常是 60%、67%或 75%。然而，绝对多数也有可能导致不充分的讨论和认同度比较低。
一致共识	一致共识鼓励大家进行讨论，直到每个人都接受解决方案。由于一致共识要增加大家的认同度，为了获得全部的认同，也可能产生大打折扣的解决方案。而且，一致共识可能花费非常多的时间。

备选方案：五指共识法

作为上述五种决策方法的一种备选方法，我们发现，五指共识法对于小组来说更有帮助。以下是五指共识法的使用方法。

五指共识法的步骤

- **一旦有一个想法被提了出来，会议引导者就引导大家进行讨论，直到小组准备好检查共识情况。**然后，会议引导者解释，在接下来的流程中，每个人都要给出 1~5 中的一个数字，表示你对某个方案的支持程度，如图 10.1 所示。

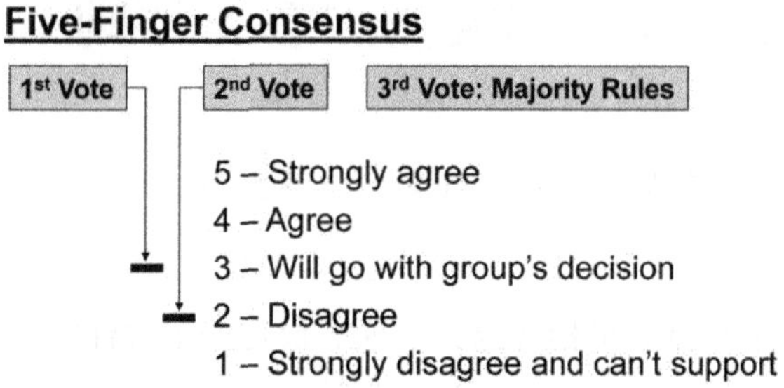

图 10.1 五指共识法

- **在第一次投票中，如果投票人分别给出 5、4 或 3，共识就已经达成，你就可以继续前进。**那些给出 5 或 4 的人表示完全支持，那些给出 3 的人表示他们愿意支持小组的决定。然而，如果有人给出 1 或 2，这表明应该给予他们机会，让他们解释他们的评分和推荐的备选方案。然后，最初想法的拥有者可以选择做出改变或者坚持自己的方案，并向小组的其他人解释他的决策。如果对最初的想法做出了某些改变，那么会议引导者需要带领小组进行新一轮的投票。但是，如果没有做出改变，那么会议引导者就要进行二次投票。
- **在第二轮投票中，如果投票人分别给出 5、4、3 或 2，决策就可以通过，你可以继续前进。**那些给出 2 的人对想法表示出了不同意，但他们也不能阻止小组中的其他人采用这个方案。然而，如果有人给出 1，就表示需要给予这些人一个额外的机会来解释他们的评分，并提出对这个想法的更改建议。再一次，这个想法的拥有者有权做出改变或保持不变，并应该向小组说明他的决定。如果做出了改变，就是新一轮的投票。如果没有改变，那么会议引导者就需要引导小组进行第三次投票。
- **第三次投票，采用少数服从多数原则。**这一决定是基于大多数参会者的意见做出来的。

五指共识法鼓励小组在有异议时仔细地聆听。如果有必要的话，鼓励小组进行两次仔细的聆听，让那些有意见分歧的人至少有两次机会来表达他们的担心。然而，在最后，要以小组的意愿为准。也许同样重要的是，五指共识法也避免了为了取得大多数小组成员的支持而对方案大打折扣的倾向，从而达成了充分的共识。

对于较小的决定：少数服从多数原则

对于重大的决定，如确定关键优先顺序、变更项目的方向，或者调整一个使命的陈述方法等，我们建议使用五指共识法。对于较小的决定，如关于某事如何措辞的三个选择、为一个具体的里程碑设置日期、设定一个目标的数量，或者对于某条建议做出调整等，我们提出用少数服从多数原则来描述这一过程。

让我们用一个对某事如何措辞的三个选择的实例，来说明该如何应用少数服从多数原则的流程。

应用少数服从多数原则的流程

收集所有的备选方案	“到目前为止，我们对于如何对这条建议进行措辞有三个选择。还有其他选择吗？”
请某人说出对于每个备选方案的支持情况	“好，让我们回来，请一个人说一下对于每个备选方案的支持情况。如果没有人支持某个备选方案，这个方案就会被拿掉。第一个备选方案是……有人要发言吗？如果没有，就拿掉了……第二个备选方案是……”
询问补充评论	“现在，我们已经完成了请大家说一下对于每个备选方案的支持情况的环节，还有没有人补充其他的意见？”
请大家投票	“现在，我们都是知情人，该投票了。所有赞同第一个备选方案的人有……”
如有必要，进行一轮附加投票	如果有多个备选方案，但是没有一个备选方案获得了多数选票，那么，要把得票数最多的两个备选方案拿出来，并进行再次投票。

当一个选择要做出调整，而另一个不做出调整时，你可以对这个流程做一个小小的调整。在第 2 步补充：“对于需要做出的这种调整，有人支持吗？现在有人反对做出调整吗？如果没有人反对，就没有必要进行投票了，这一调整默认通过。”

少数服从多数原则的目标是以一种有效的方式做出小的决策，同时确保所有声音都能被听到，确保给予充足的时间提出备选方案并对其进行讨论。

人们出现分歧的三个原因

通常来说，出现分歧的原因是以下三个：

- 层级 1：缺乏共享信息。
- 层级 2：经历或价值观不同。
- 层级 3：外部因素的影响。

让我们先来看一下分歧的三个不同的层次，然后再来看每个分歧的解决方法。

层级 1：缺乏共享信息

在层级 1 的分歧中，反对者没有听清楚或理解对方的备选方案和支持这些方案的理由。层级 1 的分歧往往是由于一个人对另一个人正在说的话或这些话的含义做出了某种假设的结果。示例如下。

示例对话：层级 1 分歧

Pepper：我一直在思考我们的绩效评估流程中的问题，我想我已经想到了一个解决方案：我们应该让员工写自己的评价。

Michelle：你疯了吗？ 那样根本不管用。

Pepper：当然可以。你自己说大多数管理者不记得他们的员工在前一年里所做的所有事情，你上一次说，大部分的评价都是肤浅的，主要是基于徇私或基于人们所做的最后一个项目而做出的。如果让员工自己写自己的绩效评价，就会将重点放在人们在全年中实际是怎么做的。

Michelle：不，我不这么认为。Pepper，我们已经合作了一段时间。但这是你一时所想出来的一个疯狂的想法。

Pepper：我不明白你为什么不赞同这个想法。

Michelle：好的，这真是“狐狸看守着母鸡窝”呀！如果我们让人们写自己的绩效评价，每个评价都将会是“远远超出预期”，人们不会承认自己的失败。另外，这种方法完全剥夺了管理者的权力。绩效评估是管理者影响下属绩效的一个绝好机会。让员工自己进行打分就将这个机会完全剥夺掉了。至于——

Pepper：我不确定你在听我说话。我说让员工自己写绩效评价，并不是确定他们的评级。这是他们管理者的工作。但是，如果我们让员工写自己的成绩、优势——

Michelle：和他们的改进领域。我明白了。然后，你让管理者和员工一起回顾他们所写的评价内容，进行补充，或根据需要进行调整。然后，管理者来进行打分评级。这听起来不错。但你为什么不先说这一点呢？

Pepper：我真的说了。你只是没听到。我说我想让员工写绩效评价。你认为我是什么意思？

Michelle 对于 Pepper 的想法非常明显。当 Pepper 说“我们应该让我们的员工写自己的评价时，”Michelle 认为 Pepper 想让员工给自己进行评分。一旦 Michelle 明白了 Pepper 所说的意思，他们很快就意识到他们已经达成了共识。

遗憾的是，许多层级 1 的分歧并没有得到尽快解决。人们通常相互争论，却并没有意识到他们实际上已经达成了共识。这种情况经常发生，以至于人们给这种情况起了一个名字：暴力共识。当层级 1 的分歧得到解决时，你经常会听到：“哦，那是你的意思吗？你为什么不早说呢？”

层级 2：经历或价值观不同

在层级 2 的分歧中，各方都已经充分听取和理解了彼此的方案。然而，他们有不同的经历或持有不同的价值观，导致他们更喜欢某个想法，而不喜欢另一个想法。下面的示例就描述了一个层级 2 的分歧，至少在表面上是这个层级的分歧。

对话示例：层级 2 分歧

Terry：如果我们有机会对这里的会议进行改革，我们需要让每个人都接受培训，了解什么是优秀的虚拟会议以及如何去创造优秀的虚拟会议。我了解有一家公司推出了引导虚拟会议的课程，我认为我们需要尽快让每个人得到培训。

Jordan：每个人都要接受培训吗？你肯定是在开玩笑。我们不可能让组织中的每一个人都接受培训。也许只有高管和管理者就可以了。他们才是实际上引导会议的人。

Terry：不，我们不能做这种限制。引导会议的人不仅是高管和管理者。每个星期，每个人都要参加一个或几个会议。每个人都需要这些技能。每个人都应该参加课程。

Jordan：当我们做培训的时候，必须把重点放在那些从中最能得到收获的人身上。让我吃惊的是，你们人力资源的这些人想让每个人参与每件事情。你们都需要记住这是一家企业。培训是一种费用，而不是收入，当你们把人从他们的工作岗位上带走时，收入是会受到损失的。

Terry：别教训我。我知道财务状况。问题是，身处业务部门的你们对于什么叫给下属赋能一无所知。如果你花时间让别人感觉到他们也是组织的一部分，你们也许就可以挽留他们至少 18 个月了。

这种分歧正在迅速恶化。从表面上看，这看起来像一个经典的观点冲突，业务部门的人重视运营而人力资源部门的人重视人。我们将在本章稍后的部分再回到这个分歧中来。

层级 3：外部因素的影响

层级 3 的分歧是基于个性、过去的历史或其他的外部因素产生的，与备选方案无关。

对话示例：层级 3 分歧

Sean：　如果我们的团队想要在绩效评估流程的改进方面取得重大进展，我们到 3~7 家做得好的组织去看一看，找出他们的最佳做法。

Chris：　这是个愚蠢的想法。根本不起作用。

Sean：　肯定会有作用的。在上一份工作中我们就做过类似的工作。我们只需要确保我们找到了正确的组织就可以了。

Chris：　不，不起作用。

Sean：　我不明白你为什么这么刁难。

Chris：　因为那根本就不起作用。

Sean：　你可能是对的，Chris。这可能不起作用，那么我们应该做些什么来让它起作用呢？

Chris：　我们什么也没得做。这就是不起作用。

Sean：　好…… 那么，怎样说明这个方法存在问题呢？

Chris：　一切都存在问题。它就是不起作用。

Sean：　Chris，来帮助我们解释一下。你为什么坚信这种方法不起作用呢？

Chris：　就是行不通。是他想出来的，是不会起作用的。

正如你从这个例子中所发现的，Chris 对于寻找最佳实践的方案似乎根本就没有太多的想法。Chris 似乎认为问题出在了 Sean 身上，因为是 Sean 提出了这个想法。事实证明，前段时间 Chris 了解到，当初他面试时，Sean 是为数不多的不赞成雇用他的人之一。从那以后，Chris 几乎在所有的事情上都不同意 Sean 的判断。

解决层级 3 的问题：把问题提给更高层

层级 3 的分歧是基于外部因素的分歧。因此，如果你试图通过分析问题或确定备选方案来解决这种分歧的话，你可能会浪费大量的时间，因为这种分歧并无关乎问题和方案本身。

为了避免在层级 3 的问题上浪费时间，要注意两个表明分歧处在层级 3 这个层级的迹象。

层级 3 分歧的信号	• 不理性的争论。 • 没有兴趣考虑或讨论替代性方案。

你如何解决层级 3 的分歧呢？把它提到更高的层级上。下面的例子使用的场景就是前面 Chris 和 Sean 的分歧。

对话示例：解决层级 3 的分歧

同意分歧	"Chris 和 Sean，我们可以认为我们在这一点上不会取得一致吗？"
获得同意，将分歧交给更高层级	"我想提出以下建议：让我们三个与人力资源部副总裁举行一次虚拟会议。Sean，你解释一下你想做什么。Chris，你将有机会解释一下你的担心。我们让副总裁来决定接下来要做些什么吧！"
考虑私下进行交谈以确定双方的核心问题。使用前面章节中所学到的处理失当行为的方法	"我很感激你为团队带来的所有贡献，特别是当你就如何解决问题提出自己的建议的时候。我注意到，在一些场合中，你强烈反对 Sean 的建议。关于这一点，能告诉我一些事情吗……作为会议引导者来说，我是否需要去做出一些改变呢？……你和 Sean 之间发生了什么样的事情呢？"

解决层级 1 的问题：描述备选方案

如果分歧并没有显示出层级 3 的迹象（不合情理或不承诺寻找解决方案），通常来说，最好的办法是把它当作层级 1 的分歧，从头开始进行解决：假设并不是各方都了解到了关键信息。使用让节奏慢下来的技巧，鼓励仔细倾听和理解。可以考虑以下步骤。

描述备选方案

1. 始于共识	“看来我们大家都认同……”
2. 确定分歧的来源	“我们有分歧的地方是……对吗？”
3. 确定备选方案	“所以，Terry，你说的是…… Sean，你说的是……”
4. 对每一方提出具体的问题，描述备选方案	“这项工作如何？多少钱？多长时间？谁参与……包括什么……？”
5. 总结信息	“根据 Terry 所说的，这个备选方案将花费……它将耗时……并且，作为一个结果，我们将有……根据 Sean 所说的……”
6. 进行共识检查	“根据到目前为止我们所讨论的内容，有多少人会赞成……有多少人赞成……”

通过描述备选方案的方式，你鼓励每个人彼此倾听。如果这些意见分歧仅仅源于缺乏共享信息的话，当事人很快就会知道他们根本不存在分歧。要么他们没有倾听对方，要么是听了但没有理解对方，要么就是没有分享相关的信息。

作为会议引导者，你通过让他们描述备选方案的方式，让他们彼此倾听对方。描述备选方案的结果是，会议中的每个人都应该知道了下面所描述的问题的答案。

描述类提问	
	• 多少……？
	• 多久……？
	• 谁参与……？
	• 包括什么……？

在描述的过程中，我们建议在白板上或通过桌面共享应用程序来收集新的信息，让所有参会者都能看到。记录信息有助于提高小组的理解度并增加参与度。

下面的对话示例是 Terry 和 Jordan 关于谁来参加培训的分歧的继续。对话从 Terry 最后的观点开始。

对话示例：层级 1 分歧的解决

Terry：别教训我。我知道财务状况。问题是，你们这些业务部门的人对于向下属赋能意味着什么一无所知。如果你们花点时间让别人感觉到他们是组织成员的话，你们也许就可以让他们保留 18 个月以上了。

引导者：让我们慢下来。似乎你们都同意会议培训可以帮助到我们，对吗？

Terry：　肯定的。

引导者：似乎你们不同意的地方在于谁应该来参加课程，是吗？

Jordan：是的。

引导者：所以，Terry，你说每个人都应该参加这个课程？

Terry：　没错。（引导者在第一列上标上“每个人”。）

引导者：那么，Jordan，你的观点好像不同，是吗？

Jordan：是的，我认为只有关键管理者应该上这个课。（引导者在第二列上标上“关键管理者”。）

引导者：Terry，你说每个人都应该参加会议课程。如何才能有效呢？有多少人要参加？

Terry：　我们一共有 600 名员工。

引导者：每个人都会参加三天的课程吗？

Terry：　不，我希望供应商为我们专门设计一个特殊的半天课程，这样大家就不用花费太多的时间脱岗学习了。

Jordan：半天课程？你为什么不说呢？我没有问题了。我们可以做这项工作。

在这种情况下，Terry 和 Jordan 处于“暴力共识”状态。他们之所以产生争论是因为他们对于他人的意思进行了假设。对方案进行描述可以解决这类问题。

但如果 Terry 真的打算做的是一个为期三天的课程呢？表 10.1 提供了一个会议引导者在虚拟会议期间，是如何对描述的步骤进行记录的。

表 10.1　描述备选方案的结果

描述的结果	
每个人	关键管理者
600 人	100 人
按团队报名	由高层选择管理者参加
3 天班	3 天班
20 人/班	20 人/班
32 班	6 班
4 班/月	2 班/月
$18 000/班	$18 000/班
600 人	100 人
8 个月	3 个月
$576 000	$108 000

在这一点上，Sean 和 Terry 了解了彼此的想法，但仍然有分歧。在这种情况下，你会得出这样的结论：这不是一个层级 1 的分歧，并且开始使用层级 2 的解决策略，可以遵循如下办法。

解决层级 2 的问题：优势、劣势、融合

如果通过方案的描述并没有达成共识，该分歧可能就是一个层级 2 的分歧，是由于不同的价值观或经历造成的。你可以通过确定每个想法的优势和劣势，进而检查一致性的方法来解决层级 2 的分歧。如果没有达成共识，那么你就请小组确定每个想法的关键优势，然后再创建一个融合了这些关键优势的解决方案。可以遵循如下步骤。

解决层级 2 分歧的步骤

1. 确定优势	“让我们从第一个开始逐个分析每个想法。这个想法的优势是什么？”
2. 确定劣势	“现在我们已经确定了每个想法的优势，让我们来看看劣势。第一个想法的劣势是什么？”
3. 进行共识检查	“基于这些优势和劣势，现在有多少人倾向于……多少人倾向于……”
4. 确认关键优势	“让我们再分析每个想法，找出它们的一个或两个最重要的优势。”
5. 创造一个或多个新的备选方案	“是否有一个备选方案可以整合这些关键优势呢？”
6. 确定最可能的选项	“让我们来描述这个新的选择，以确保我们都明白。多少……”
7. 进行共识检查	“根据我们迄今所讨论的，有多少人赞成……？”

当你向人们询问一个想法的优势时，他们的回应通常能够代表他们所持有的价值观，而正是由于这些价值观，使他们得出了自己的想法比其他想法更好的结论。在我们的例子中，那些更喜欢“培训所有人”的想法往往将共同的语言和普遍的利益看得更有价值。那些更喜欢“关键管理者”的想法往往将节省金钱和减少脱岗时间看得更有价值。

融合过程鼓励小组创建一个可以整合所有方案的关键价值的备选方案。表 10.2 提供了一个会议引导者在虚拟会议期间，关于 Sean 和 Terry 之间对于培训课程的分歧（前面所描述的）所记录的融合的过程。

表 10.2　融合的结果

融合的结果	
每个人	**关键管理者**
优势	优势
共同语言*	减少支出*
每个人的利益	快速完成
整个组织的技能*	离岗时间少*
	聚焦于需求的培训
* 关键优势	
新选择	
为关键管理者提供三天的完整版课程，为所有员工提供半天的概要版课程。	

回到虚拟困境

那么，当分歧发生时，你会做些什么呢？回顾一下开始的那个案例，一些人认为重要的是要慢下来调查一下其他组织在绩效评估方面是怎么做的，而其他人则不希望有任何延迟，因为这可能让新的流程无法应用到即将到来的绩效评估周期中，这正是本章开始那个案例所出现的分歧。

解决方案

1. 识别出层级 3 的分歧	层级 3 的分歧产生的迹象是，争论是非理性的，对于讨论备选方案本身毫无兴趣。在这种特殊的情况下，看来两个备选方案都是相当合理的。
2. 从共识开始	“我们似乎都同意，我们希望改善我们目前的绩效评估流程。”

3. 确定分歧的来源	“我们产生分歧的地方似乎是，我们是否应该花时间来获得其他组织的信息，是不是？”
4. 确定观点	“所以，Sharon，你是说我们在推进之前应该从其他组织那里寻求一些信息。Marsha，你是说在下一个绩效评估周期到来之前能够形成新的系统非常重要，花时间寻求来自其他组织的信息可能延误时机。我说得对吗？”
5. 询问每一方一些特定的问题来描述观点，这些问题包括成本多少、多长时间、涉及哪些人以及涉及哪些具体问题	“好的，那么 Sharon，如果我们从其他组织那里寻求信息的话，该如何进行呢？我们如何去获得这些信息呢？我们应该从多少组织那里得到信息？你认为它会花多长时间？如果这样做的话，需要哪些人参与进来？” “现在，Marsha，如果我们不寻求信息，我们会做些什么呢？如何开展工作？你认为会花多长时间？如果这样做的话，需要哪些人参与进来？”
6. 总结信息	“根据 Sharon 的说法，这个想法将要花费……所需要的时间是……并且，结果是……我们将有……基于 Marsha 所说的……”
7. 进行一致性检查	“根据我们迄今所讨论的情况，有多少人赞成……有多少人反对……？”

注意，到此时为止，这种分歧可能就得到解决了。例如，如果通过描述，Sharon 解释说，她设想的是一个短暂的、为期两周的过程来从其他组织那里寻求信息，即使有延迟，我们仍然能够在 30 天的最后期限之前完成工作，赶上下一个周期的绩效评估，这时，分歧就得到解决了——所以，这种分歧是层级 1 的分歧。

另外，如果通过描述，Marsha 解释说，如果团队想要赶上下一年的绩效评估周期的话，我们根本就没有任何可以腾挪的时间了，相反，我们可以使用上一年度国际人力资源管理协会提供的绩效评估最佳实践分析，这样，分歧也可能就得到了解决。所以，这种分歧还是在层级 1 上。

然而，如果通过描述不能解决分歧，引导者会得出这样的结论：这是一个层级 2 的分歧，然后就可以使用本章前面所描述的优势、劣势、融合的流程了。

总结：获取共识的策略

总之，在虚拟会议中获得共识的策略包括以下内容：

策略 53　及早确定如何做出决策。

策略 54　用五指共识法作为决策的机制来获得广泛的共识基础，而不影响解决方案的质量，在寻求一致共识时，往往会使用这种方式。

策略 55　对于不太重要的决策，可以使用少数服从多数原则，确保相关的信息得到讨论。

策略 56　在面对分歧时，要确定这种分歧是层级 1 分歧（信息）、层级 2 分歧（价值观或经历），还是层级 3 分歧（个性、过去的历史或其他外部因素）。

策略 57　运用适当的共识达成策略——描绘备选方案、优劣势合并，或提交给更高层级——这取决于分歧的层级。

第11章

如果会议情况特殊怎么办

- ☑ 虚拟困境
- ☑ 只有少数人远程参加怎么办
- ☑ 大多数人远程参加怎么办
- ☑ 你是唯一的远程参加者怎么办
- ☑ 总结：特定虚拟会议策略

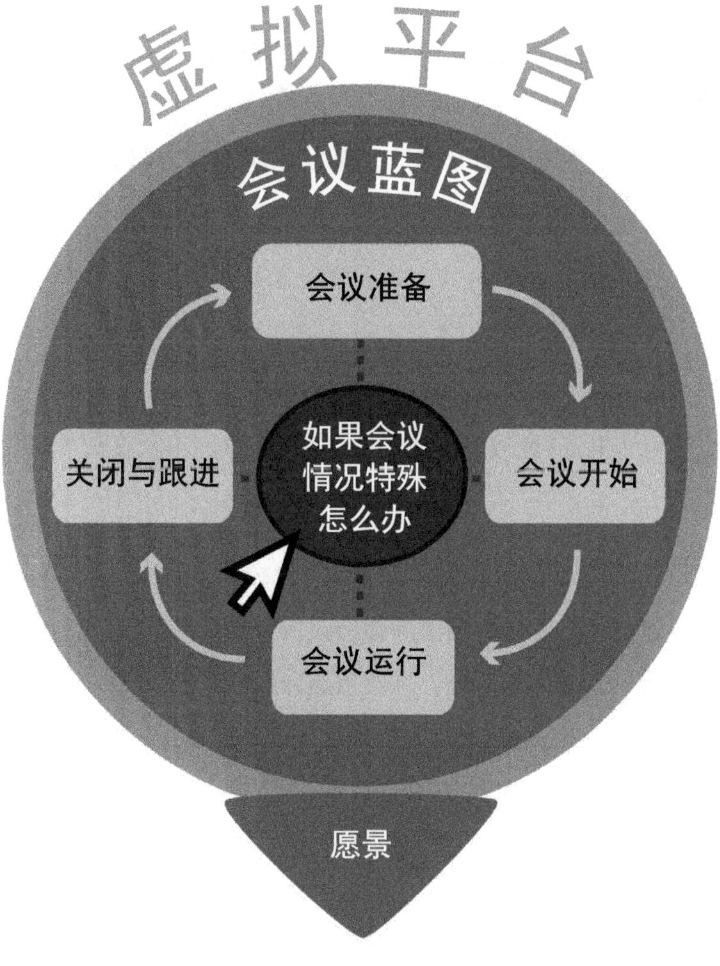
虚拟平台
会议蓝图
会议准备
会议开始
会议运行
关闭与跟进
如果会议情况特殊怎么办
愿景

虚拟困境

在绩效评估任务小组的最后一次会议上，该小组决定进行一个面对面的、为期半天的会议来关闭这个项目。遗憾的是，在七个成员中，有一个人不能参加面对面会议，在所有其他小组成员都聚在同一个房间里开会的时候，他不得不通过虚拟连线的方式来参会了。

虽然你已经对几乎所有参会者都是远程参与的虚拟会议驾轻就熟了，但如果只有一个人是远程参加的，你现在该怎么做？你需要做出什么变化？你必须做些什么不同的呢？

当大多数参会者都在同一个房间里，只有几个人是远程的时候，你如何引导一个虚拟会议呢？

正如在第 1 章中所介绍的，这本书从一个比较极端的视角——你和大多数参会者均处于不同的地区——充分说明了虚拟会议的策略。然而，有一些虚拟会议却并非如此。与《引导的秘诀》相对应，本章重点介绍如下三个特殊的虚拟案例：

- 如果只有少数人远程参加怎么办？
- 如果大部分人远程参加怎么办？
- 如果你是唯一的远程参加者怎么办？

只有少数人远程参加怎么办

在虚拟会议上经常会存在只有一个或两个人是远程参加的，而其他参会者均和你集中在同一个房间里的现象。遗憾的是，当这种情况发生时，会议引导者可能很容易会忘记远程参会者。此外，因为只有几个人是远程参加的，所以，远程参会者很容易感到孤独，觉得没有参与进来。

当只有少数人是远程参加时，我们建议使用以下策略来增加参与度和投入度。

建议的策略

- 因为只有一小部分人是远程参与的，所以很容易忘记这些人并不像在房间里的人一样能够接收到分发的材料。在会议前，要确认将日程和所有的材料都发送给远程参会者。
- 如果可能的话，选择一个可以进行视频的虚拟会议平台。在会议室中安装一个摄像头，将远程参会者的视频投放在主房间的屏幕上。
- 当信息想要像通常一样被记录在活动挂图上时，考虑使用虚拟会议平台来记录信息，例如，通过桌面共享或白板工具，以便远程参会者可以看到这些信息。
- 添加一个基本规则：不要忘记远程参会者。我们用下面的方式来解释基本规则：

  “我们有几个人是远程参加的，不在我们的房间里。重要的是，我们要像他们就在房间里一样来对待他们。我们不要忽视这些远程参会者。所以我们要不断地取得他们的输入。我们要不断地保持他们的参与。同样，远程参会者，我们也将随时参与进来获得会议引导者的注意这项权利赋予你们。所以无论我们做什么，我们都不要忘记远程的参会者。”
- 在问一个问题时，考虑始终先从远程参会者开始。每次都从他们先开始，他们就不可能被忽略了。
- 如果你不想每次都从远程参会者开始，一个不同的策略是，要在桌子上放上每位参会者的名卡和椅子。在使用轮流方式时，名卡会提示你向远程的参会者征求意见。
- 在使用分组方法时，一定要有一种方法可以将这些远程参会者分配到小组之中。如果你有足够数量的远程参会者（至少有 2 个，但不要超过 8 个），你可能会考虑把所有的远程成员都分配到一个单独的小组中，并指派房间里的某个人担任该小组的记录员。

大多数人远程参加怎么办

正如在第 4 章中所介绍的，在虚拟会议中，我们建议你至少每 10~20 分钟安排一次比较大的互动活动。对于保持虚拟会议的参与度来说，这种互动的频率是必要的，因为不断地进行检核是非常重要的。

以下是三个最常见的参与活动：

- 轮流点名，使用这种方法，会议引导者轮流叫出每位参会者的名字请其对问题进行回应。
- 白板，使用这种方法，所有的小组成员都进行同步回应。
- 竞速反馈，与轮流法类似，请所有人回答问题。竞速反馈的目的是进行一个非常快速的氛围检查，所以，参会者通常会限制用 1~3 个词进行回应。

如果参会者多于 16 人或远程参加的人，让所有人都进行回应，竞速反馈就会变得非常沉闷，轮流点名又会花费很长时间，白板可能会使回应显得拥挤而混乱。当你有大量的远程学员时，我们推荐以下策略。

推荐策略

- 将成员分成小组，要限制小组的规模，每组有 4~5 人，根据总人数进行分组。考虑将每组成员的名字输入 PPT 文件中，作为单张的幻灯片，这样，你可以将其作为一个视觉提醒，指导你一步步推进。
- 当你想使用轮流点名时，可以通过小组来做，允许小组中的任何人都进行回应。
- 当你书写白板时，考虑要求一半或更少的团队在白板上进行书写来回答问题。一旦所有信息都输入了进来，使用轮流点名方式询问没有参与书写的小组，得到补充的回答。
- 大量使用调查问卷的方式，这通常可以使每个人都参与其中。

你是唯一的远程参加者怎么办

正如第 1 章关闭的案例分析一样，有时，所有参会者都在同一个房间里，但是会议的引导者却在不同的地方。这对于我们这样的专业引导者来说，经常需要对客户团队进行远程引导。内外部顾问、团队教练、项目经理、业务分析师、建筑师和其他专业服务领域的从业者可能越来越多地发现自己在虚拟会议中正处于这样的状态，而且这种现象会变得越来越普遍。

作为会议的引导者和唯一的一个远程参会者，这种状态通常来说是特别困难的，因为，除了所有其他的虚拟会议所面临的典型挑战之外，你还面临着一种情况，那就是你通常看不到小组的动态，但是大家却都可以看到！例如，你看不到那些表示小组对一个主题感到沮丧的身体语言，但其他人却都可以看到。你看不到人们对于你所给予的指示感到迷惑的情景，但其他人都可以看到。你看不到小组对你的长篇独白已经失去了兴趣，但其他人却可以看到。

为了帮助你减少由于不在房间所造成的影响，我们的建议如下。

↘ 推荐策略

- 如果可能的话，选择一个能够进行视频的虚拟会议平台。在会议室的中间部位安放一个网络摄像头，在房间前面挂一个屏幕，将你投射在上面。
- 如果人们在不同的小组中开展工作，考虑为每个小组安装一个网络摄像头和音频来显示该小组中的所有成员，这可以让你对他们进行观察，如果有必要的话，可以对互动情况进行点评。音频可以让你打开每个小组的声音或者调到静音状态。这可能需要提前进行调试，以减少恼人的回声和尖叫声。
- 请房间里的某个人来充当你的眼睛。请这个人指出你未注意到的情况。让这个人知道你指望他或她指出团队的感觉可能是什么样的，该小组什么时候似乎达成了共识，或者什么时候需要加快或减慢速度。
- 如果小组的组数多于四个或五个，请一个人来充当你的眼睛可能还不够。考虑请每个组中都有一个人来担任这个角色。

- 在会议期间，使用虚拟会议平台作为你主要的用于记录所有相关信息的工具，让大家都可以看到这些信息。
- 如果小组需要使用白板图表，考虑为每个小组配置一个专职记录员，他用事先规定好的格式化的模板，以电子化的方式来记录信息。当轮到小组汇报时，你可以通过虚拟会议平台把记录的信息投在主屏幕上，以便所有人和你都可以看到这些信息。

总结：特定虚拟会议的策略

总之，解决特定虚拟会议的策略包括以下几个方面：

策略 58　如果只有少数人是远程的，使用这样一条基本规则，“不要忘记远程参加者”，并确保在整个会议中通过由他们先发言的方式让远程参会者参与进来。

策略 59　如果有大量的人是远程的，可以将参会者分为不同的小组；使用小组轮流点名的方式；在每个活动中，请一半或更少的小组中的每个成员进行回应。

策略 60　如果你是唯一不在房间里的人，选择一个可以进行视频的虚拟会议平台，指派专人担任你在房间里的“眼睛”，在每张桌上都安放一个摄像头，以便你能观察到大家的互动情况。

第 4 部分

虚拟会议实例

第12章

综合应用

- ☑ 会议准备
- ☑ 会议开始
- ☑ 会议运行
- ☑ 会议关闭
- ☑ 最后的话

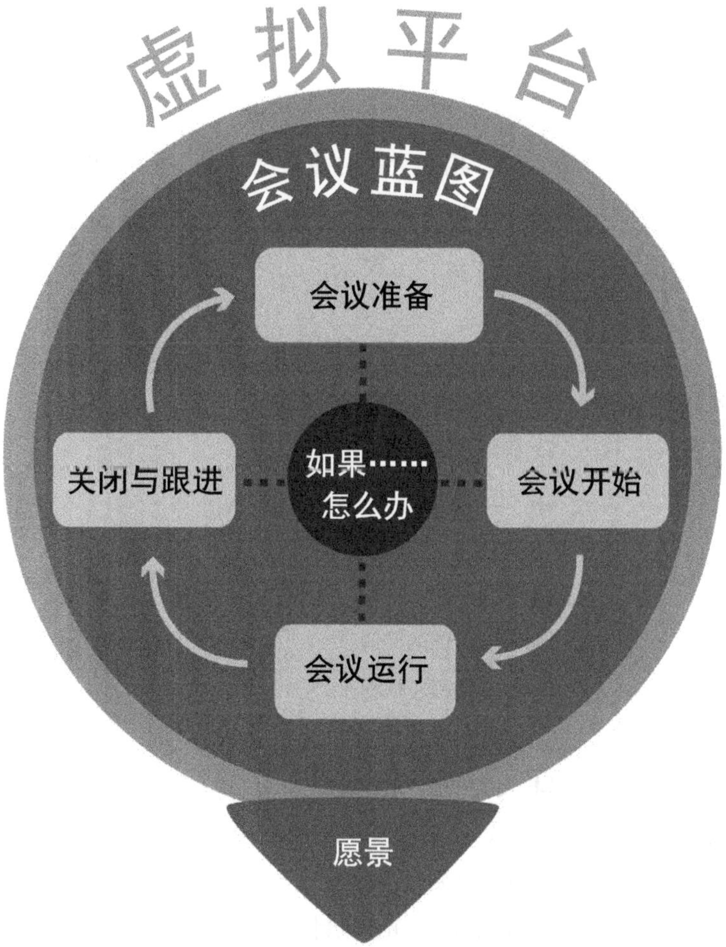
虚拟平台
会议蓝图
会议准备
会议开始
会议运行
关闭与跟进
如果……
怎么办
愿景

本书包含了用于运行高度参与性和高度互动性的虚拟会议的 60 个策略。在这一章中，我们将演示如何把工具和技术用于准备、开始、运行、关闭与跟进一个时长 2 小时的虚拟会议中。在我们的会议上，让我们使用一个在本书中周期性进行描述的例子——改进绩效评估流程的虚拟团队的第一次会议来说明。

会议准备

正如在第 4 章中所学到的，相比于面对面会议来说，规划和准备一个高度互动和高度参与性的虚拟会议通常需要更多时间。要准备这次会议，让我们使用在第 4 章开头部分介绍的准备清单，如表 12.1 所示。

表 12.1 准备清单

准备清单
❑ 确定会议目的。*
❑ 确定会议产出。*
❑ 确认会议的必要性。*
❑ 选择参会者。*
❑ 确定可能的问题。”
❑ 制定流程（议程）。*
❑ 选择虚拟平台。*
❑ 确定关键方法和时间。
❑ 确定会议室、日期和时间。*
❑ 拟定并发布会议通知。*
❑ 根据需要召开会前讨论。
❑ 准备虚拟会议室。*
❑ 选择基本规则。
❑ 准备名单。
❑ 准备开场白。
*推荐给所有会议

请注意

在下面的列表中，我们将带你走过一个非常彻底的准备流程。在绩效评估改进会议的例子中，我们希望这个会议是一次让人叹为观止的虚拟会议，因此我们仔细地把准备清单中的每个项目都进行了准备。正如你所看到的，该清单中包括一些带星号的项目，这表示这些项目在每个虚拟会议时都应该准备好，而另一些项目则不然。你可能发现，在本节中所展示的完整规划的情况在你的大部分会议中也许并不需要。我们的目标是为你提供一个完整的规划和准备的示例，你可以选择如何最佳利用这些策略。

确定会议目的	绩效评估任务小组的第一次会议的目的是为你即将引导的虚拟团队做好启动工作。你要确保每个成员都清楚我们要实现的是什么，团队将如何实现这些目标，以及实现这些目标过程中每个人的作用是什么。
确定会议产出	• 团队对于成功的定义。 • 团队规范。 • 工作流程。 • 会议和后勤计划。 • 沟通计划。
确定会议的必要性	• 如果不召开会议的话，有可能达成这些目的和产出吗？（否） • 会议的目的与产出与在会议中所消耗的时间和资源相比，值得吗？（是）
选择参会者	你有六位团队成员，每一位都是由区域副总裁挑选出来的，均来自不同的区域。你和其中一位成员在亚特兰大的总部，其他五位团队成员来自波士顿、芝加哥、达拉斯、丹佛和圣迭戈。此外，你的团队成员中包括两名个体贡献者、两名主管、两名中层管理者和一名高层管理者。团队成员还削减了一部分部门和主要业务职能的工作。因为他们每个人都有其他职责，团队成员同意每周挪出 10%的时间（4 小时）用于任务小组的工作。

确定可能的问题	• 关于管理层是否愿意做出改变，存在着一些怀疑的态度。 • 要确保小组在 60 天内完成任务，不影响即将到来的绩效评估周期，这是一种时间压力。 • 小组横跨三个时区，因此，我们应该密切关注规划好日程和沟通会议的时间。
制定流程（议程）	• 你决定使用在《引导的秘诀》这本书中所描述的“第一次工作小组会议”的议程安排的修订版本。 A. 欢迎、鼓舞、可交付成果、会议目的 B. 关键主题和问题 C. 会议议程 D. 会议基本规则和停车场 E. 礼物和钩子 F. 我们对于成功的定义 G. 建议的工作流程 H. 团队规范 I. 运营后勤 J. 回顾和跟进 K. 评价和关闭
选择虚拟平台	尽管你对于 GoToMeeting 系统更为熟悉，但你为小组选择了 WebEx 平台，主要是由于该系统具备通过电子白板的功能进行同步输入的好处。
确定关键方法和时间	在规划引人入胜的会议时，决定使用什么方法是关键的一步。以下的信息描述了一个有用的思考流程。对每项议程的时间估计显示在左栏中。 正如在第 5 章中所描述的，你事先应该为每个需要参会者进行大量回应的议程项**准备一个开场问题**。

2 分钟	A. 欢迎、鼓舞、可交付成果、会议目的 • 呈现的内容包括：我们需要做些什么、我们的整体可交付成果、会议的特定目的（PPT 文件）。
8 分钟	B. 关键主题和问题 • 使用轮流点名（从名单中的第一个名字开始）来收集问题。 • **开场问题**："考虑我们的责任和可交付成果，想想我们完成任务可能采取的步骤。想想你对于我们需要去做的事情可能存在的问题，或者对于我们将如何去做所持有的问题。想想你对于我们需要讨论的内容的想法和问题。让我们来列一个清单。当我们开始这个项目时，你想看到哪些问题或关键主题被讨论到？" • 做好会议记录（Word 文件）。
10 分钟	C. 会议议程 • 通过一个预装的调查问卷导入议程。 • 回顾议程（PPT 文件）。 • 拆分屏幕以便显示议程和问题。 • 分为三个小组。 • 询问各小组，以确定讨论每个主题和问题的顺序。 • 在每个主题的前面记录下议程字母，这样你就可以通过议程字母来排序。 • 使用预装的调查问卷，请各小组接受该议程。
5 分钟	D. 会议基本规则和停车场。 • 使用预装的调查问卷导入基本规则。 • 回顾你准备的基本规则（PPT 文件）。 • 说明你将对会议进行引导，同时也给出你的意见。 • 使用轮流法（从名单中的第二个人开始），询问大家有没有增加或变更的地方。 • 开场问题："回想你之前参加过的一些会议，这些会议

	有可能是在我们自己的组织中召开的，也有可能是在其他组织中召开的，想一下你所看到的你认为不利于产出成果或不能接受的人们的行为，那些你要确保不会在我们这个团队中发生的行为。你想增加哪些基本规则呢？” • 以文字的方式进行会议记录（Word 文件）。 • 使用预装的调查问卷正式要求团队调整会议的基本规则。 • 回顾停车场（PPT 文件）。
10 分钟	E. 礼物和钩子 • 显示礼物（团队成员带来的可以帮助团队实现目标的东西）和钩子（确保团队成员参与的东西）的定义（白板）。 • 给团队成员 2 分钟的时间在格式化的白板上记录三个礼物和一个钩子。 • **开场问题：**“考虑到我们的费用和可交付成果，我们每个人都会给这项工作带来一定的礼物，如某些技能、经验、特征或资源，这些礼物将有助于团队取得成功。想想你的礼物。想想你所拥有的、有助于团队实现目标的事情。此外，你知道要保持你的参与度，我们需要做些什么。你也知道要想使你保持作为团队一分子的兴奋度，我们需要做些什么。要想持续地‘钩’住你，最重要的事情是什么呢？请在白板上记录下你带来的三个礼物和一个钩子。” • 请团队成员解释他们的三个礼物和一个钩子，从名单上的第一个名字开始。 • 在会议后的会议记录文件（Word）中记录下这些礼物和钩子。

10 分钟	F. 我们对于成功的定义 • 用举例的方式陈述衡量成功的三个标准（项目目标、业务结果指标、满意度指标）。同时解释一下标准和目标的不同（PPT 文件）。 • 使用轮流式的头脑风暴（从名单中的第三个人开始），请团队对标准进行集思广益——首先是在项目关闭时的标准，然后是一年后的标准。 • 在会议记录文件（Word）中记录所有内容。在记录的同时，使用拆分屏幕的方式显示样例。 • **开场问题**："让我们想象一下，我们是在这个项目的关闭阶段，这个项目非常成功。我们怎么知道它成功了呢？想一想那些在我们关闭这个项目时能告诉我们取得了成功的事情，那些表示我们做了一项伟大的工作的事情。将考虑结果按屏幕上的三类来列示。哪些东西会告诉我们，我们已经成功了呢？" • **开场问题**："现在让我们想象一下这个项目已经完成了，对于新的绩效评估流程，我们已经完成了整整一个年头。而且，这是一个惊人的成功。对于第一次评估，想一下那些能够说明我们已经取得了成功的目标。那个目标是什么呢？" • 使用绝对多数原则来决定要使用的标准。 • 在标准确定后，通过小组的形式请团队为每个标准确定具体的目标（Word 文件）。
20 分钟	G. 建议的工作流程 • 展示标准流程改进工作流程（Word 文件）。 • 用拆分屏幕的方式显示标准流程改进工作流程和会议记录文件，在会议记录文件中显示与议程项 G 相关联的主题和问题的列表。

	• 如果有的话，使用小组轮流方式，收集与议程项 G 相关的每个主题和问题，添加到 Word 文件中。 • 使用个人轮流方式征求大家的修改建议，将建议添加到文档中。 • **开场问题**："我们需要对这个流程改进的标准任务列表提出修改建议。我们应该回顾我们的工作流程是否已经涵盖了我们需要讨论的所有问题和主题。让我们思考一下我们认为还应该做什么，或者不应该做什么。思考一下改进工作流程的方式，确保我们能够到达我们想要到达的地方。让我们开始吧！" • 使用少数服从多数原则让小组确定对于标准工作流程的修改（Word 文件）。
8 分钟	H. 团队规范 • 将白板分为三列，显示出一开始的团队规范清单，留出一个地方来列示大家喜欢的部分和建议（白板）。 • 给团队成员 5 分钟的时间来记录他们喜欢的部分以及需要改善的方法。 • 使用少数服从多数原则来看一下每条改进建议。 • 在会议之后，将商定的项目转化到会议记录文件（Word）中。 • **开场问题**："试想一下，在一个有效的团队中，你曾经是其中的一员。想一想团队成员表现如何。想一想那些对该团队的成功做出贡献的行为。你会对这个规范清单做一些什么样的增加（或改变或删除），以便我们更像那个团队呢？" • 使用少数服从多数原则来决定使用哪些建议。

12 分钟	I. 运营后勤 • 显示团队所做的决策列表（Word 文件）。 • 我们的决策模式是什么？ • 我们应该多久开一次会？ • 什么时候开会最好？ • 每一次会议之后，可以向其他人传递些什么内容？ • 使用轮流法征求想法；每人每次说一个想法，使用少数服从多数原则做出决策。 • 在会议文件（Word）中记录决策。
5 分钟	J. 回顾和跟进 • 回顾会议记录，看一下什么事项已经完成，做出了哪些决策。 • 回顾关键议题和问题，确保所有关键议题和问题都已经涵盖到了。 • 回顾未解决的问题和行动。 • 提醒小组在会议之后可以传达什么。 • 提醒小组下一步的行动，以及需要为下次会议所做的任何准备。
5 分钟	K. 评价和关闭 • 将白板分为两列："你喜欢什么？我们能做什么使未来的会议更好？" • **开场问题**："当你对会议进行反思时，想一下那些做得好的方面，那些使团队高产出的真正有效的事情或时间。同时，想一想那些我们可以去做的、可以使会议更好的方面；想一想你觉得有哪些事情可以做得更好，以便改进做事情的方式。请在白板上的适当区域记录你感觉比较好的方面，以及可以使会议更好的方面。" • 回顾每个改进点，并在白板上记录同意的人数。

	• 在会议之后，将评价项目复制到会议记录文件（Word）中。 • 将信息记录在会议文件（Word）中。 • 对整体会议进行一次汇总的调查。
确定会议室、日期和时间	你要确定会议的日期和时间。你和另一个在亚特兰大的人同意在开会期间一起待在一个小会议室里。因为所有其他人都在不同的地点，没有必要为他们安排会议室。
拟定并发布会议通知	你要准备一个会议通知并发送给所有参会者。（此次会议的会议通知列示在第 4 章中，见表 12.2。）和会议通知一起，你还要发送经高层发起人批准的项目责任。

表 12.2 会议通知

绩效评估改进小组

××××/××/××，集中时间：美国东部时间 8:50 / 关闭时间：美国东部时间 11:00

第一次会议

确保在会议开始前 10 分钟访问链接

使用下面的会议链接：www.k1fasf.biz/179avads121。

如果这是你第一次使用虚拟会议平台，请至少提前 24 小时对访问进行试链接，以确保没有任何技术问题。如果在会议之前或会议期间你需要帮助，请联系我们的主持人 Jim Hamilton，电话是 770-555-1440。

<u>会议目的</u>

• 启动改善绩效评估流程的虚拟团队。

<u>期望产出</u>

• 定义成功、小组规范、工作流程、会议和后勤计划、沟通计划。

<u>建议的议程</u>

8:50 集中

9:00 开始

A. 欢迎、目的、费用、可交付成果、会议目的

续表

B. 关键主题和问题 C. 会议议程 D. 会议基本规则 E. 礼物和钩子 F. 我们对于成功的定义 G. 建议的工作流程 H. 团队规范 I. 运营后勤 J. 回顾和跟进 K. 评价和关闭 11:00 关闭 受邀的参会者 ☐ Kathy K. —团队领导 ☐ Cleve C.—记录员　☐ Ken M. ☐ Bill G.　☐ Vanessa R. ☐ Trina J.　☐ Andrea T. 事前：回顾上周给你发送的团队章程。确定你想解决的任何具体的会议议题 带来：团队章程和你的问题清单

根据需要召开会前讨论	你已经与高层发起人进行了会晤，充分理解了会议的意图。在会议前，你决定与每个团队成员进行简短的对话，因为你还没有见过他们中的大多数人。
准备虚拟会议室	会议的前一天，你要准备好在虚拟会议期间将要用到的 PPT 文件和用于记录信息的 Word 文件。
选择基本规则	通过与每位团队成员的对话，你可能意识到，在团队中有几位非常喜欢表达的成员，他们喜欢讲故事。因此，你在基本规则列表中添加了一条：先给出结论。如下所示： ● 准时开始和关闭

	• 人人都要发言 • 一次只进行一个对话 • 使用停车场 • 先给出结论 • 没有哗哗声、嗡嗡声或叮当声 • 只做与会议有关的事情 • 表明立场 • 分享所有的相关信息 • 解释原因和意图 • 在加入/离开时做出声明
准备名单	你要准备好名单作为参考。你会使用名单来保持人们的参与度，要确保在使用轮流法时不要错过任何一个人。在包括轮流法在内的每个过程中，你要从名单中的不同位置开始活动，但每次都要使用相同的顺序。当有人发言完毕时，你要在此人的名字上做好核对画钩，然后移到名单中的下一个人上。另外，作为一个团队的引导者，你也是团队中的一员，你也要把你的名字列在名单上。在某些情况下，如果会议的约定是引导者只在会议间歇期间发言的话，你可以将你的名字从名单中去掉。表 12.3 中会议的点名名单共有六列，用于对名字核对画钩。

表 12.3　点名名单

						Andrea，亚特兰大
						Bill，波士顿
						Cleve，芝加哥
						Ken，达拉斯
						Trina，丹佛
						Vanessa，圣迭戈
						Kathy，亚特兰大 （项目经理）

准备开场白	在准备阶段的最后部分，你准备好了你的开场白，要感谢、告知、鼓舞和赋能给团队。在下一节中我们将详细进行介绍。

会议开始

我们的会议议程分为三个阶段，如下所示：

会议开始 A. 欢迎、鼓舞、可交付成果、会议目的 B. 关键主题和问题 C. 会议议程 D. 会议基本规则和停车场 E. 礼物和钩子
会议运行 F. 我们对于成功的定义 G. 建议的工作流程 H. 团队规范 I. 运营后勤
会议关闭 J. 回顾和跟进 K. 评价和关闭

本节将涵盖与开启会议相关的五个议程项目。在第 5 章中，我们描述了在开始阶段如何设置参会者对于接下来要发生的事情的期望。为了实现我们的目的，会议的开始阶段要涵盖完成议程项上的第一项工作之前的所有活动。

一个成功的开始，关键一步是要尽量减小技术问题的影响。因此，本次会议你可以使用在第 5 章中所提到的如下策略，预防可能会对会议开启有妨碍的技术问题。

降低技术问题及其影响的策略

- 在会议通知中，你要求人们在会议开始前至少 10 分钟访问虚拟会议平台。
- 对于那些首次使用虚拟会议平台的人来说，会议通知建议他们至少提前 24 小时测试链接情况，以确保没有任何技术问题。
- 如果参加虚拟会议的人数超过四个人，安排一位不参加会议的人来担任主持人或技术助理，他的角色是解决任何你或参会者可能遇到的技术问题。
- 在会议通知中加入主持人的姓名和电话号码。
- 你预计只需要 10 分钟来布置虚拟会议的房间，所以你决定在虚拟会议召开前的 25 分钟到达并布置虚拟会议室，这样你就可以在开始之前的 15 分钟为会议做好准备了。你知道，如果你遇到了意想不到的困难，这将给你一些额外的时间。
- 到达会议室后，你打开计算机，进入会议状态，根据需要，你打开了将要使用的 PPT 和 Word 文件。
- 你使用 PPT 文件的标题页作为屏幕的开启页面，这样，当人们到达虚拟会议室时就可以看得到了，如图 12.1 所示。

图 12.1　屏幕标题页

为了演示如何开启会议，我们将带你一起来看一下使用开场清单的步骤，表 12.4 所展示的内容是在第 5 章中首次出现的。

表 12.4 会议开始清单

会议开始清单
❑ 准时开始会议。 ❑ 提供开场白，包括目的和产出。* ❑ 进行点名。* ❑ 调动参会者参与。 ❑ 确定议程。* ❑ 回顾基本规则。 ❑ 回顾停车场。 ❑ 如果需要，做自我介绍。 *推荐给所有会议

准时开始会议	遵照会议通知的要求，在会议开始前 10 分钟，人们开始进入会议室。
A. 提供开场白，包括目的和产出	上午 9 点，你以充满能量和热情的发言开始了会议，发言要包括第 5 章中所描述的开场白的关键部分。 *我要感谢你成为这次会议的一员。* 你展示 PPT 文件上的责任与可交付成果，如图 12.2 所示。 • *现在我们开始吧，首先让我来介绍一下我们为什么会在这里。* • *大家都知道，我们的绩效评估流程现在正面临着很大困难。* • *有报道称，我们各部门对于“达标”、“优秀”和“卓越”的期望存在着很大差异。许多员工都说，考核过程是考核你被喜欢的程度，而非表现如何。此外，我们还有这样的案例：有些人在由于表现不佳被解雇的前几个月，还得到*

了很高的分数。总之，这些都表明我们的绩效评估过程是无效的。

- 我们被召集到一起，就是要提出一个缓解这些问题的新流程。
- 当我们完成这个任务时，我们将会给出三个可交付成果。

他们期待你们的建议。

你回顾 PPT 文件上的责任与可交付成果。

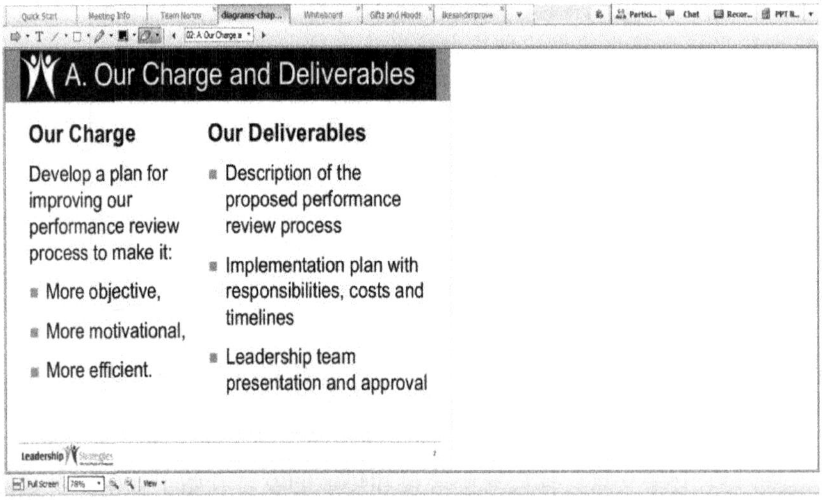

图 12.2　责任与可交付成果

继续开场

你继续进行开场，介绍鼓舞部分和今天的目的。

为什么这是令人鼓舞的？

- 如果我们成功了，我们就会制定一个新的流程，这个流程会得到人们的信任，让人们有信心，并受到激励。如果你的员工受到了激励，你知道，这会使你的工作更加容易：更少的问题、更少的抱怨、更好的斗志、更好的绩效——而且，意味着你、我和整个组织会得到更多的奖金。
- 此外，如果我们做好这项工作，你将得到高层管理者的感谢，你的同伴会因为你所做的事情而取得好的绩效。

我想确保你知道你获得了授权去完成这项工作。

- 你们中的每个人都是由高层管理者精心挑选出来成为该工作小组的成员的。
- 他们相信你拥有创造更好的流程的知识和愿景。
- 他们期待着你的建议。

今天的会议是对我们如何完成这项工作建立框架。我们今天的目的是启动虚拟团队，确保每个成员都清楚我们要实现的是什么，团队将如何实现这些目标，以及在实现目标过程中的个人角色是什么。

你展示了 PPT 文件中会议目的页，如图 12.3 所示。

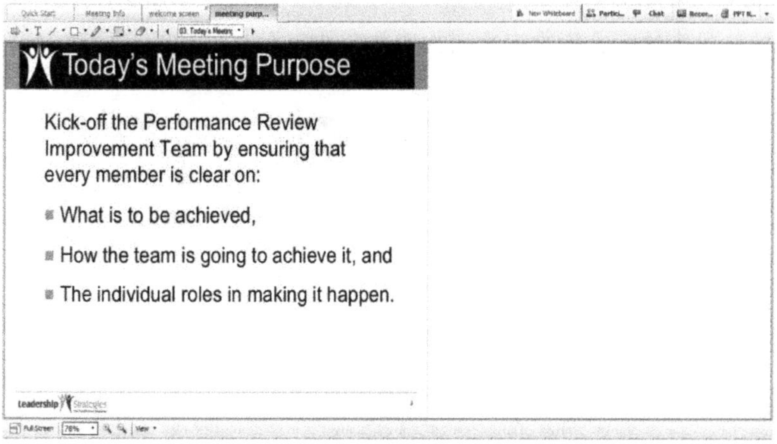

图 12.3 会议目的

进行点名

在完成你的开场白之后，你可以通过叫出在线人员的名字和所在位置的方式来进行点名，并要求他们进行回应。

我想做一个快速的点名以确保我们都知道谁在线上，并熟悉一下彼此的声音。我会按姓名的字母排列顺序进行，点到你的时候，你可以说："是的，我在这里。"我们开始。亚特兰大的 Andrea？波士顿的 Bill？……

在接下来的时间里，当需要听到大家的声音的时候，我们会继续使用相同的字母顺序。当然，我会变换起始点，这样 Andrea 就不必每次都第一个开始了。

B.
使用关键主题使参会者参与进来

你通过提出与关键主题和问题相关的开场问题来吸引参会者。

我想要建立一个我们今天将要讨论的关键主题和问题的列表。我要从亚特兰大的 Andrea 开始，按字母顺序列表进行。所以，想想我们刚刚谈到过的责任和可交付成果；想象一下我们可能采取的措施。想想你所持有的关于我们需要做些什么的问题，或者那些我们将要如何去做的问题。想想你的想法，或者你知道我们需要讨论的话题。让我们建立一个清单。当我们开始这个项目时，你想看到有哪些问题或关键主题被讨论到？Andrea，让我们开始吧！”

你打开 Word 文件，像图 12.4 那样记录他们的答案。在使用轮流法时，你自己也可以参加进来，分享你认为一定要讨论的主题。

Agenda	Issues
	• What will we do to make the process more motivational?
	• Who will be responsible for delivering the presentation at the end?
	• How often will we be meeting?
	• Will we research how other organizations are doing their performance review process?
	• Does the task force have a budget?
	• What other resources can we call upon to get our work done?
	• What are we allowed to tell other people about what happens in meetings?
	• How much of our time will this require?
	• Will all of our meetings be virtual?

图 12.4 关键主题

C.
确定议程

你会设置一个检查点（见第 6 章），然后走完议程并给这些议程项目匹配上将要被讨论的主题。

既然我们已经确定了人们想要讨论的关键议题，我想回顾一下拟定的议程，看看这些议题将会在议程的哪个地方得到讨论。这会让我们确定一下我们是否有必要改变议程或推迟主题。所以，让我们来回顾一下拟定的议程。

你打开 PPT 文件中的议程页，解释每项议程。然后将屏幕进行拆分，显示议程页和之前用 Word 文件记录的主题页。

现在让我们看一下每个主题，并回答这些主题会在哪项议程中被讨论到。我们以小组的方式来做这项工作。我想请 Andrea 和 Bill 组成第一组，Cleve 和 Trina 组成第二组，Ken 和 Vanessa 组成第三组。

所以，第一组，你们先来。第一个题目是："我们如何确保主管之间打分的一致性？"在我们的议程中，哪里应该讨论这个主题？……好，让我们在这个项目旁边标上"G"。第二组，下一个项目是……

在看完所有议题，并将之与议程相匹配之后，如图 12.5 所示，如果需要修改议程的话，你会询问小组，并要求小组调整会议的议程（如修订版）。

既然我们已经回顾了一下议程，并根据需要进行了变更，我想确保我们都达成了一致。我要导出一个调查问卷。你需要对调查后的议程用"是"或"否"进行投票。

你打开了预装的议程调整调查表并开始进行调查。

让我们进行一次初步调查，看看我们是否准备好调整议程了，还是需要更多的讨论……根据调查结果，我们一致通过了对议程的调整。好，我们已经完成了我们的会议的第一个决策。

（注意：由于会议参与人数较少，调查问卷在本案例中可能并无必要。你可以通过征求大家对于议程所关心的问题的方式来代替调查问卷的方式。如果有一些关心的问题的话，你可以给提出这些问题的人一个机会来进行分享，同时给出备选建议，然后使用在第 10 章中所介绍的达成共识的方法。）

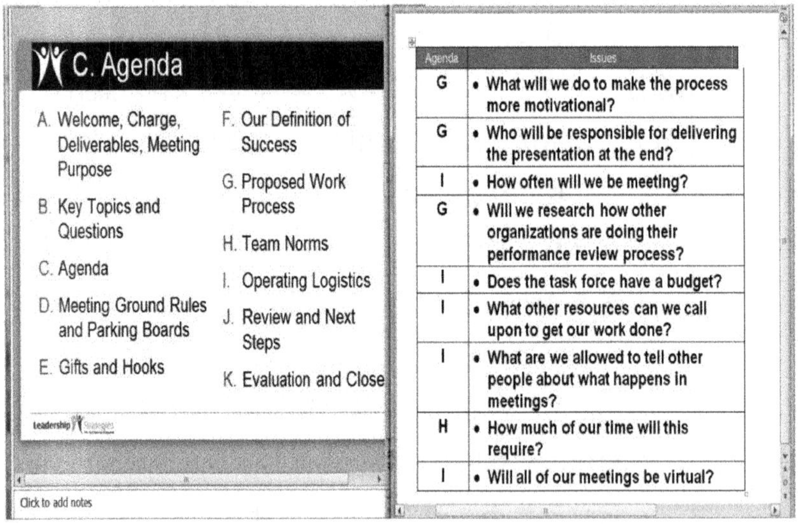

图 12.5 与议程匹配的关键主题

D.

回顾基本规则

你要回顾一下基本规则，从小组那里获得补充，并请小组调整基本规则。

> 现在，我们已经完成了议程的调整工作，我们的下一步就是要确定此次会议及未来会议的基本规则。基本规则将帮助我们建立在会议过程中如何进行有效互动所需要的共同愿景。我这里有几个我想要建议的基本规则，然后让我们添加一些你认为适当的基本规则吧！这个基本规则清单只是一个起始点。

你打开 PPT 文件中的基本规则页面，开始回顾每条基本规则。之后你对屏幕进行了拆分，如图 12.6 所示，请大家来添加基本规则。

> 现在，我已经完成了我所建议的基本规则，我想请大家看一下你是否也有一些想要添加的基本规则。这一次让我们从 Bill 开始。想想你在我们的组织内或者其他组织所参加过的会议，想想你所看到的你认为徒劳或不可接受的行为；那些你要确保不要发生在我们这个团队中的行为。你想要添加一些什么样的基本规则呢？

在给予每个人机会来增加基本规则之后，使用调查法请小组调整基本规则（修订版）。

现在，我们已经回顾了基本规则，并进行了必要的增加，现在我们要确保大家都认同这些基本规则。我会导入一个调研问卷，你可以通过投“是”或“否”来修订基本规则。

你调出了事情预装好的基本规则调查问卷，开始调研。

根据调研结果，看来我们对于调整基本规则已经没有异议了。很好，我们已经完成了此次会议的第二项决策。

[注意：根据议程，由于参会人数比较少，调研可能在本案例中并不是必需的。]

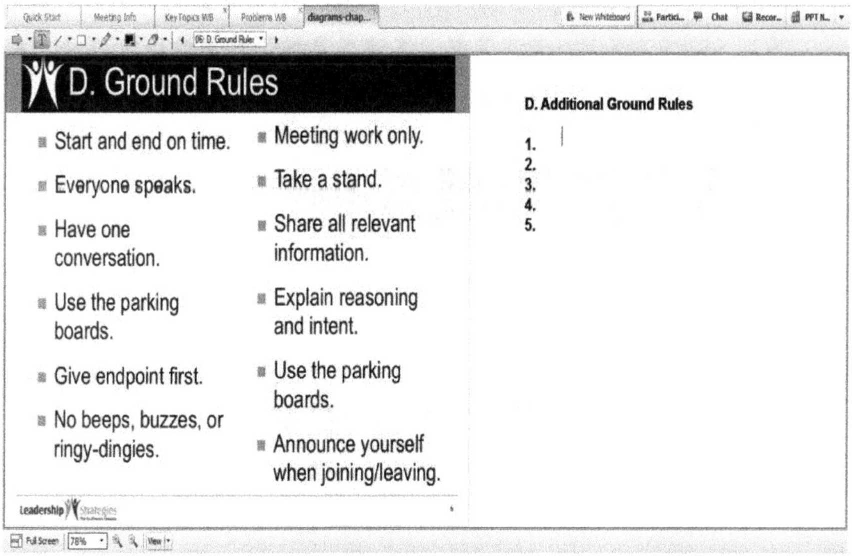

图 12.6　基本规则

回顾停车场

显示停车场页，如图 12.7 所示。

在我们的会议中，我们将使用四个停车场来确保会议的聚焦。

- 问题清单是为了停放那些我们当前不想讨论的话题。在每次会议关闭时，我们会回顾放置在其上的所有项目，通过这种方式来清除这些问题列表。

> - 决策清单是为了记录我们所做出的决策，以便我们能够明明白白地完成每次会议。
> - 行动清单定义了我们在会议之后需要采取的行动。在会议关闭时，我们要确保每个行动都有一个指定的人来负责，我们会请这个人设定该项行动的完成日期。
> - 最后的停车场是潜在的改进清单。在会议期间，当我们讨论当前流程的运作情况如何，或者讨论当前流程的问题时，很可能有人会对该流程提出一条潜在的改进建议。我们不需要等到我们到了这项议程时再来谈这个话题，而是把这些想法放在潜在的改进清单中。这样，当讨论如何改进流程时，我们就能够很容易地回到这些想法上来。

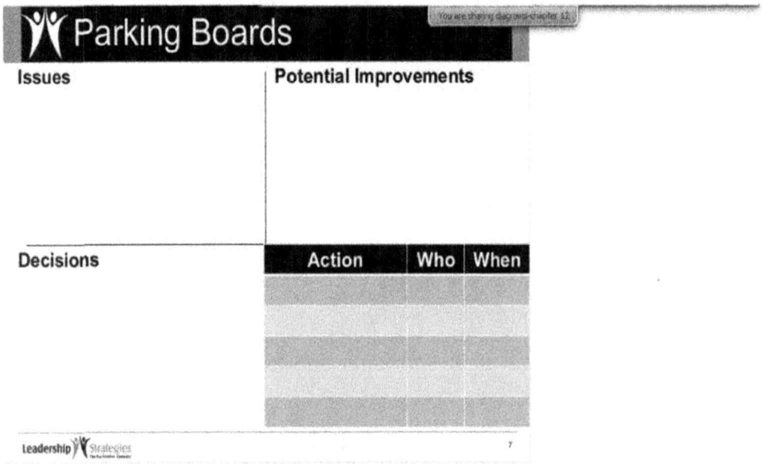

图 12.7　停车场

E.

如果需要，做自我介绍，可以使用礼物

为了进行介绍，你可以使用礼物和钩子流程。你可以在白板上展示出礼物和钩子，如图 12.8 所示。

> 我们刚刚调整了基本规则，并设置好了停车场，在开始我们的工作之前，我要为大家做的最后一件事情是获取我们

和钩子	每个人的重要信息。我想用礼物和钩子来做这件事。 • 礼物可以描述为每个团队成员可以给团队带来的、能够帮助团队实现其目标的东西。礼物可能是知识、技能、经验、资源、关系等。 • 钩子是可以让每个团队成员持续地参与进来和回到团队中的东西。 • 你可以看到，白板上有一个地方可以记录你会给我们带来的三个礼物和一个钩子。你有 2 分钟的时间去做这件事情，然后你可以直接输入到白板上。有任何问题吗？ • 因此，考虑到我们的责任和可交付成果，我们中的每个人都会给这项工作带来一定的礼物，一些技能、经验、特征或资源，这些礼物将有助于团队取得成功。想一想你的礼物。想一想你所拥有的有助于团队实现其目标的东西。此外，你知道要保持你的参与，我们需要做些什么。你知道我们需要做些什么才会让你因能继续成为团队成员而感到兴奋。要持续不断地让你上钩，我们需要做一些什么样的重要的事情呢？请在白板上记录下你带来的三件礼物和一个钩子。” • 现在我们的时间到了，这次我想从名单中的 Cleve 开始。我要请每个人来形容一下自己的礼物和钩子。为了确保我们不浪费所有人的时间，我们把每个人的描述限制在一分钟之内。我会把计时器放上去，这样你就可以看到你的时间使用情况了。有什么问题吗？好了，Cleve，让我们开始吧！ 你会在会议后将礼物和钩子放到会议记录文件（Word）中。

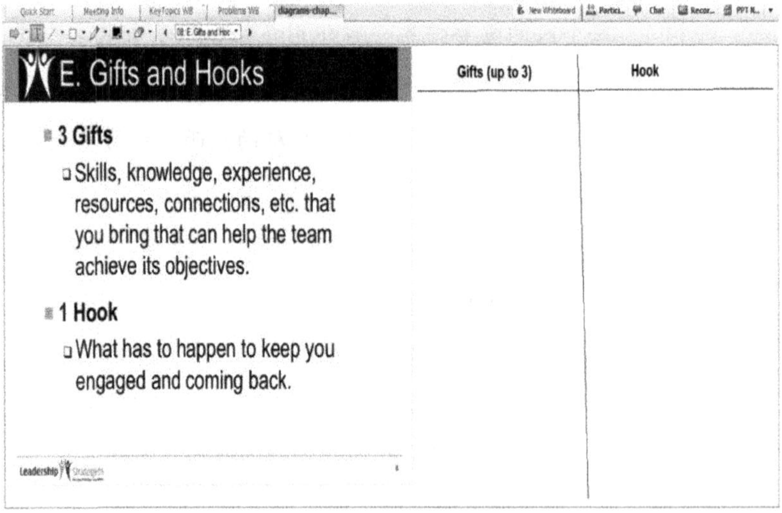

图 12.8　礼物与钩子

会议运行

会议开始阶段已经完成了下面议程表中的前五项，会议运行阶段包括议程表中接下来的四项工作。

会议开始

A. 欢迎、鼓舞、可交付成果、会议目的

B. 关键主题和问题

C. 会议议程

D. 会议基本规则和停车场

E. 礼物和钩子

会议运行

F. 我们对于成功的定义

G. 建议的工作流程

H. 团队规范

I. 运营后勤

会议关闭 J. 回顾和跟进 K. 评价和关闭

第 6 章讨论了会议运行的步骤，并总结出了 FIRST CLASS 方法，如表 12.5 所示。

表 12.5　会议运行清单

会议运行清单 （FIRST CLASS）
对于每项议程：
❑ **F**—向参会者解释所安排的项目是如何促进会议目标的，使参会者**保持专注**。
❑ **I**—通过清晰而简明地说明议程的各项目将要如何实施，为参会者提供**指令说明**。
❑ **R**—**记录**在虚拟会议期间收集的相关信息，确保这些信息都被记录下来。
❑ **S**—在进一步推进之前**寻求**共识。
❑ **T**—**跟踪**时间，以确保参会者恰当地使用时间。
如果需要：
❑ **C**—快速有效地**控制**和解决失当行为。
❑ **L**—**倾听**离题的讨论，将这些议题放到停车场中，以保持会议的聚焦。
❑ **A**—**解决**出现的分歧或冲突。
❑ **S**—**征求**所有的意见，用各种方式调动参会者的积极性。
❑ **S**—**总结**并关闭会议。

为了运行此次会议，你在一步一步通过议程项目时会使用到 FIRST CLASS 技术。对于每项议程，你将从使用一个检查点（回顾、前瞻、鸟瞰）开始，根据情况给出方向，问一个开场问题，并记录下大家的回答（如果你使用的是白板、调查问卷或聊天功能的话，也可以让他们自己进行记录）。

F.

我们对于成功的定义

你通过告知小组衡量指标正式开始。

- 我们已经完成了开始部分。现在让我们通过确定我们对于成功的定义，开始进入工作阶段吧！史蒂芬·柯维说，以终为始非常关键。在做其他事情之前，我们要确保我们对于成功都有着相同的定义，这样就可以一起圆满地越过终点线了。
- 在大多数项目中，通常有三种类型的指标，正如你在屏幕上所看到的。

你打开了指标页，开始对每项指标进行描述，如图 12.9 所示。

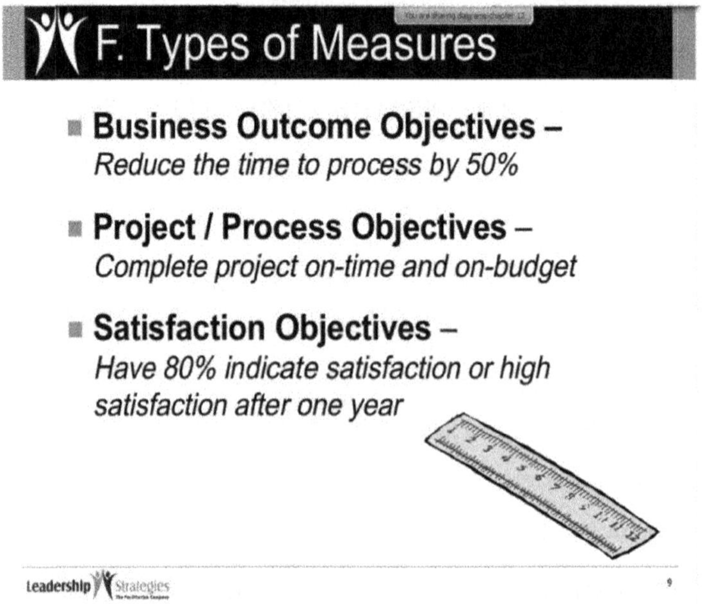

图 12.9　指标类型

你请小组来确定项目的可能指标有哪些。你将屏幕进行了切分，一部分显示指标类型页，另一部分显示记录指标和目标的 Word 文件。

- 对于项目来说，首先要确定我们应该用什么指标进行衡量（测量），然后要确定这项指标要达到的标准（目标）是什么。所以我们先来看一下指标。

- 我们这次从 Ken 开始，然后按名单顺序进行。如果你有一个关于我们要用什么指标来衡量成功的想法，请告诉我，我会列出来，然后下一个人继续进行。如果你没有，就说“过”。
- 那么，让我们想象一下，我们现在是在项目的关闭阶段，这个项目一直都进行得非常成功。我们怎么知道这一点呢？当我们关闭这个项目时，想想那些能够告诉我们项目非常成功的事情，能够证明我们做了一件伟大的工作的事情。考虑屏幕上的三大类指标。是什么事情会告诉我们，我们已经成功了呢？Ken，我们开始吧！

在通过头脑风暴讨论过可能的指标之后，你引导团队通过少数服从多数原则，决定使用哪些指标。

- 我们已经对指标进行了集思广益。我们下一步是要确定哪些指标是我们可以使用的最好指标，以便我们可以肯定我们所衡量的东西是最重要的。我想使用少数服从多数原则进行。对于提出的每项指标，我会请大家说一下支持这项指标的情况，也会请大家说一下反对它的情况。如果没有人支持某项指标，该指标就会被自动丢弃。如果没有人反对某项指标，该指标将被自动接受。如果有人支持，有人反对，我会请大家提出其他意见，然后我们将通过投票方式，少数服从多数。大家认为可以吗？
- 好，让我们开始吧！第一项指标是……有人支持吗？如果没有，它就被舍弃掉了……好，有人反对吗？如果没有，它被自动接受下来了……还有其他意见吗？好，让我们投票……现在，让我们继续下一个指标吧！

在你请小组完成对于指标的确定后，你要让他们对于每项指标确定目标，可以继续使用少数服从多数原则来解决分歧。

- 现在我们已经有了指标，下一步是确定我们这些指标将要达到什么样的程度。我们将要为这些指标设定具体的目标。这次让我们使用小组的方式进行，我会请第二小组为每项指标推荐一个目标。因此，想象一下，这个项目已经完成了，我们刚刚用新的绩效评估流程完成了一年的考核。再一次，我们取得了惊人的成功。对于这第一项指标，想一下用什么样的目标能够表明我们已经取得了成功。那个目标是什么呢？

- 我们有了一个推荐的目标。有人愿意提供不同的想法吗？如果没有，该目标被自动接受了……有其他目标吗？……好，现在我们有三个选择，我们请大家说一下每个选择，然后我们使用少数服从多数原则做出决定。我们首先从更高的目标开始……
- 那么，看起来我们现在对于每项指标都已经确定了目标。

图 12.10 展示了这些指标和目标。

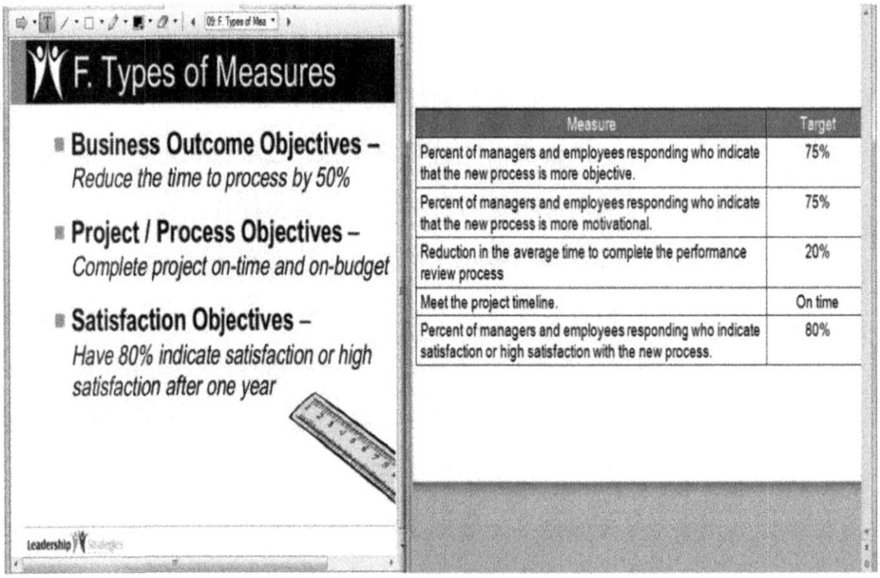

图 12.10 指标和目标

G.
建议的工作流程

在给出一个检查点之后，你打开了标准的改进工作流程（Word 文件），然后将屏幕进行了拆分，来检查它能否达成目的、可交付成果和成功的指标。

- 现在我们已经确定了我们的指标，我们的下一步工作是确定一个工作流程，以确保我们达成我们的目标，创造我们的可交付成果，并实现我们的成功指标。这一步至关重要，因为在我们开始我们的旅程之前，我们需要确保我们接下来所走的路线图能够带领我们到达我们想去的目的地。
- 让我一起来看一遍拟议的工作流程……
- 在我们对工作流程进行任何改进之前，先来检查一下它是否有助于达成我们的目标、成果和成功指标。
- 这一次我想从第三组开始。我正在打开我们的项目目的。这个工作流程是为了达到我们的项目目的吗？……团队表示肯定。有没有任何异议？（如果团队说有，你开始收集改进建议。）
- 让我们回到第一小组。我正在实现可交付成果。这个工作流程能够达成创造可交付成果的目的吗？
- 现在来到第二组。这个工作流程能够帮我们实现我们的成功指标吗？

图 12.11 展示了分拆的屏幕，屏幕上是提出的议程与责任和可交付成果的对比。

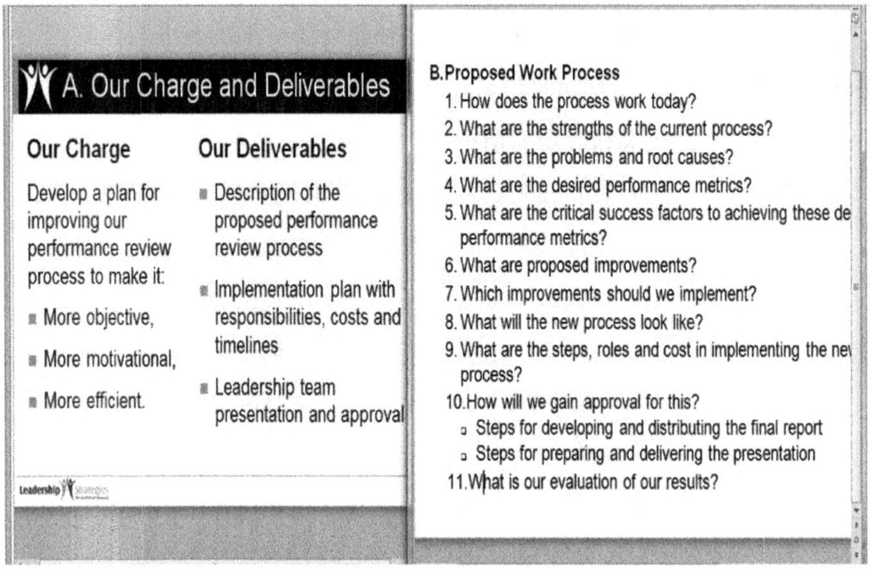

图 12.11 责任和可交付成果与提出的议程的对比

下一步，你要检查工作流程与之前收集的主题和问题的匹配情况。

- 我们已经完成了工作流程与目的、可交付成果和成功指标之间的匹配。现在让我们来看一下该流程与我们之前收集的主题和问题的匹配情况。这将确保我们提出的工作流程能够覆盖这些主题和问题。
- 让我们把工作流程的重点放在与议程项目 G 有关的议题和问题上。我将从第一小组开始征求建议。第一小组，在工作流程中，我们需要覆盖之前所说的一个主题……这一项目能够被工作流程覆盖吗？如果没有，你们会提出什么建议？……其他小组有意见吗？
- 好，让我们继续讨论下一个主题或问题。第二小组，这一项是……它被工作流程覆盖了吗？

最后，你收集团队可能做出的对于工作流程进行变更的建议。

- 我要做一个快速的轮流，这次从 Trina 开始，看一下大家对于工作流程有没有什么变更的建议。在这个过程中，你可能想到一些对于如何对流程进行改进或想要增加或删减什么内容的想法。让我们现在开始吧！Trina，你有什么建议吗？……下一个人……

你使用少数服从多数原则来处理每项更改的建议。

- 现在我们已经有了所有建议，让我们再回过头来，使用少数服从多数原则来决定我们要考虑哪些建议。
- 第一条建议是……有人支持这条建议吗？如果没有人支持，它就被扔掉了……好，有人反对吗？如果没有，它被自动接受了……有其他意见吗？好，让我们投票……现在，让我们继续下一条建议吧！

图 12.12 显示了经过修订并获得了认同的工作流程。

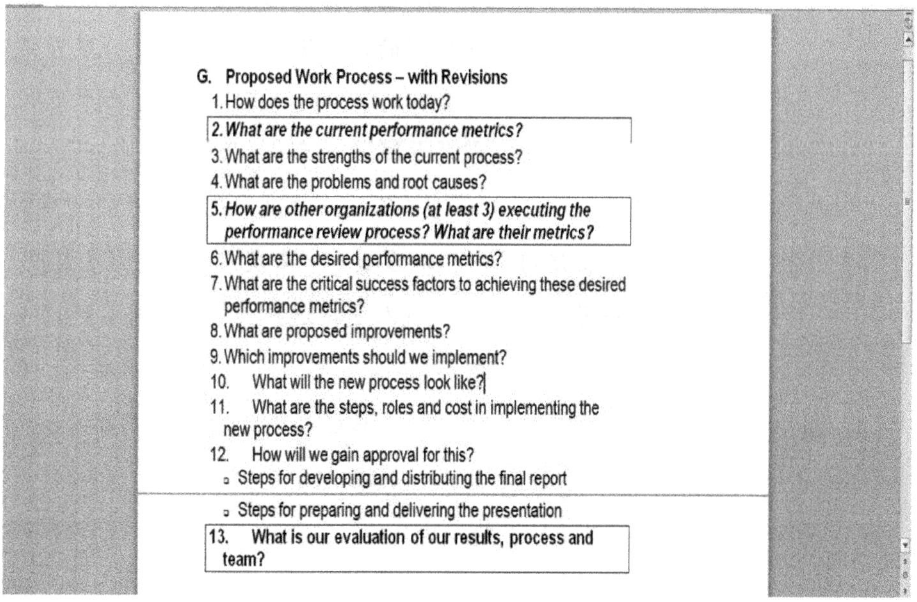

G. Proposed Work Process – with Revisions

1. How does the process work today?
2. *What are the current performance metrics?*
3. What are the strengths of the current process?
4. What are the problems and root causes?
5. *How are other organizations (at least 3) executing the performance review process? What are their metrics?*
6. What are the desired performance metrics?
7. What are the critical success factors to achieving these desired performance metrics?
8. What are proposed improvements?
9. Which improvements should we implement?
10. What will the new process look like?
11. What are the steps, roles and cost in implementing the new process?
12. How will we gain approval for this?
    - Steps for developing and distributing the final report
    - Steps for preparing and delivering the presentation
13. What is our evaluation of our results, process and team?

图 12.12　修订和认同的工作流程

H.
团队规范

从一个检查点开始，你打开了拟议的团队规范的白板，并请团队说明他们喜欢的部分和建议变更的地方。

- 我们刚刚确认了我们的工作流程。我们下一步是确定我们的团队规范。在会议期间，我们有基本规则来定义我们应该如何运作。团队规范的重点是在我们的总体行为上。正如你所看到的，在帮助我们取得成功这一点上，我们所有人都是同样重要的。

- 我想提出以下一些规范作为我们研讨的起点……
- 现在让我们花一分钟的时间，在中间的白板上输入你喜欢的规范。
- 我会很快地读一下。
- 现在，我们已经看到了我们喜欢的规范，让我们花 3 分钟的时间来确定一下你想要添加、更改或删除哪些规范。请你在右栏中输入这些内容。
- 想一下你曾经作为一个成员所在的那个团队。想一想团队成员的表现如何。想一想对于团队成功做出贡献的行为。你建议对于所列的这些规范应该增加（或更改或删除）些什么，将会有助于我们更像那个优秀的团队？

使用少数服从多数原则来决定接受哪些建议。

- 现在我们已经看到了所有的建议，让我们再回过头来看一下，使用少数服从多数原则来决定要考虑哪些建议。
- 第一条建议是……有人支持这条建议吗？如果没有人支持，它就被抛弃了……好，有人反对吗？如果没有，它就被自动接受了……有其他意见吗？好，让我们投票……现在，让我们继续下一条建议吧！

图 12.13 展示了团队规范白板。

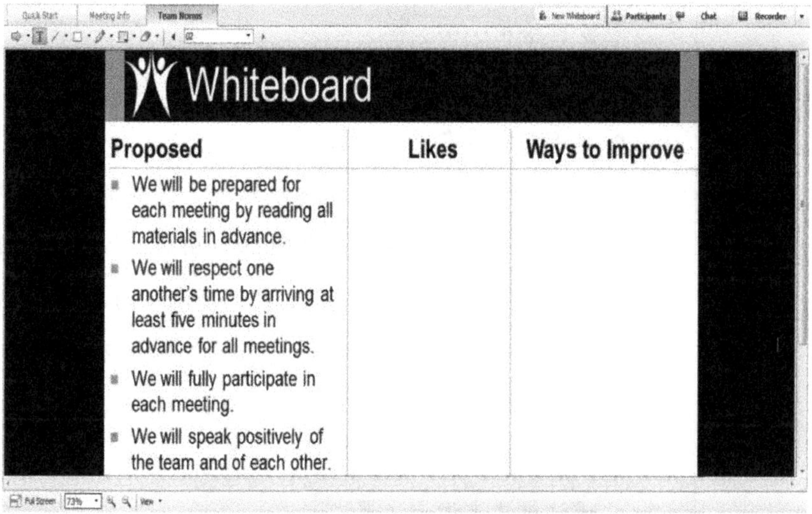

图 12.13　团队规范白板

I.

运营后勤

经过一个检查点后，你介绍了四个运营后勤决策（Word 文件）。

- 我们已经确定了我们的团队规范。我们的最后一个主要步骤是关于我们运营后勤的四项决策。这将确保我们都清楚我们会如何做出决策，一旦我们离开虚拟会议后会发生什么。让我们来看一下我们需要做出的决策：
  - 我们的决策模式是什么？
  - 我们应该多久开一次会？
  - 什么时候开会最好？
  - 每一次会议之后，可以给其他人传达什么样的内容？

然后，你需要对如何进行决策做出决策。

- 我们的第一个运营后勤决策是我们的决策模式是什么。正如你所看到的，我对于小的决定采用了少数服从多数原则，对于提供什么样的可交付成果这样的比较大的决策采用了五指共识法。让我来解释一下什么是五指共识法吧……
- 让我们用五指共识法来决定是否可以使用我推荐的做决策的方法。如果你认为很好，就给出五个手指，如果你同意，给出……

你使用少数服从多数原则来进行其他三项决策。

- **我们应该多久开一次会？**

  我们继续进行下一项运营后勤决策：我们应该多久开一次会？让我们从第一小组开始提出建议。鉴于我们需要在三个月内完成这项工作，我们可以每周、每隔一周或者每月开一次会。你们的建议是什么？有没有其他建议？否则，我们就按第一条建议来安排了……现在，我们已经拿到了所有的建议，让我们对每条建议发表一下看法，然后通过投票来做出决策。

- **什么时候开会最好？**

  让我们继续下一个运营后勤决策：什么时候开会最好？让我们从第二小组开始提出建议。你们建议什么日期、什么时间比较好？有没有其他建议？否则，我们就按第一条来进行了。现在我们已经拿到了所有的建议，让我们对于这些建议发表一下看法，然后通过投票的方式做出决策。

- **每次会议之后，什么内容可以传达给其他人？**

  让我们继续进行下一个运营后勤的决策：每次会议之后，我们可以向其他人传达些什么？让我们从第三小组开始来提出建议。鉴于我们需要多次开会来完成我们的工作，每次会议之后，对于我们可以向其他人传达些什么内容，你们的建议是什么？有没有其他的建议？否则，我们将采用第一个了。现在我们已经拿到了所有的建议，让我们对于这些建议发表一下看法，然后通过投票方式做出决策。

图 12.14 显示了所做的运营后勤决策。

Operating Logistics

What will be our mode of decision-making	5-finger consensus for major decisions; informed majority for minor decisions.
How often should we meet?	Once a week; and possibly daily during the time leading up to the final presentation.
When is the best time to meet?	Thursdays, 11:00 AM-1:00 PM, ET.
What can be communicated to others following each meeting?	Just what we did; no findings, conclusions, recommendations or other commentary.

图 12.14　运营后勤决策

会议关闭

下面是会议关闭阶段所包括的两个议程项目。

会议开始

A. 欢迎、鼓舞、可交付成果、会议目的

B. 关键主题和问题

C. 会议方程

D. 会议基本规则和停车场

E. 礼物和钩子

会议运行

F. 我们对于成功的定义

G. 建议的工作流程

H. 团队规范

I. 运营后勤

会议关闭
J. 回顾和跟进
K. 评价和关闭

第 8 章描述了关闭的八个步骤。这八个步骤被分在了两个议程项中，如表 12.6 所示。

表 12.6 被分到两个议程项中的关闭清单

关闭与跟进清单
J. 回顾和跟进
❑ 回顾会议中讨论过的所有议项。
❑ 确定做出的决策。*
❑ 处理悬而未决的问题。*
❑ 布置行动。*
K. 评价和关闭
❑ 评价会议。
❑ 感谢参会者和关闭会议。*
❑ 整理和分发会议记录。
❑ 会议跟进以确保人们对行动负责。*
*推荐给所有会议

J.
回顾和跟进

从一个检查点开始，你要带着小组依次完成每个回顾项目并安排下一步的工作。图 12.15 给出了关闭的次序。

- 我们已经完成了所有议程项目，并准备进入关闭阶段。让我们给自己一个热烈的掌声吧！
- 在关闭时，让我们先来回顾一下会议记录，看一下我们做了些什么，有哪些决策。
- 接下来，让我们来回顾一下关键主题和问题，以确保所有内容都讨论到了。如果还有没有讨论到的，请叫停我，让我们看一下还需要做些什么。

- 接下来，让我们回顾一下问题清单，我们会问一系列问题，确保这些问题都能够被清除掉：
  - 我们已经讨论过了吗？
  - 如果没有，我们需要去讨论吗？
  - 如果需要讨论的话，我们需要现在就讨论吗？
  - 如果不需要，我们将把它移到行动清单中，并请一个人记住它，给出一个对它进行讨论的日期。
  - 如果需要讨论，而且现在就需要讨论，我们就给出一个时间限定来讨论它。
- 好，让我们先来看看第一个问题……
- 接下来，让我们来回顾一下行动清单，确定一下当我们离开房间之后要做些什么，并为每项行动分配一个人，这个人需要告诉我们这项行动完成的截止时间。
- 下一步，我想提醒大家，哪些我们所说的话可以在会议之后进行沟通。
- 最后，让我们讨论一下立刻要采取的下一步行动是什么，以及为下一次会议所需做的准备工作。

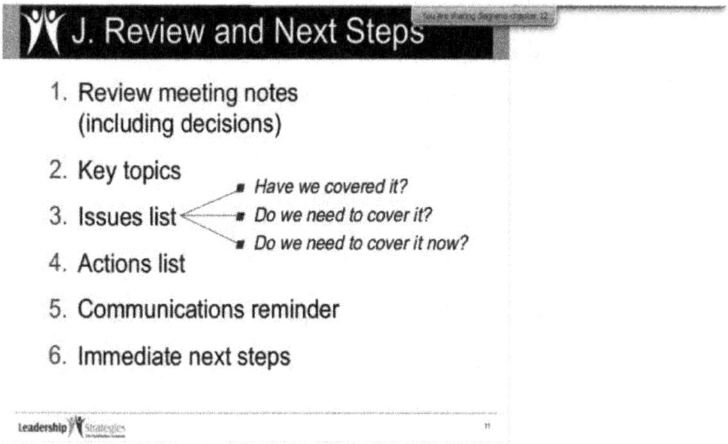

图 12.15　关闭的次序

K.
评价和关闭

在一个检查点之后，你打开了一个分为两列的白板，请参会者在每一列中分别填写上：“你喜欢什么？要使未来的会议更好，我们能做些什么？”

- 现在我们已经完成了全部会议，我想让大家花一点儿时间来关注一下在此次会议中，我们哪些方面做得好，以及哪些方面可以做得更好。这将会让我们未来的会议更加高效。
- 我现在打开了一个分为两列的白板。在左边，我想让你填入在会议期间我们做得好的方面。在右边，请说明如何使下一次会议更好的方法。我们将有 4 分钟的时间来做这件事。
- 当你对会议进行反思的时候，想一想那些做得好的事情，那些真正有用的事情，或者这个团队非常富有成效的时候。再想一想那些我们本来可以做的让会议变得更好的事情；考虑一下那些你觉得我们可以采取不同的做法，以改进会议的事情。请在白板上的适当区域记录下你感觉好的方面，以及将有助于未来的会议更好的方面。

你对小组的评价进行了回顾，并用少数服从多数原则请团队做出如何进行改进的决策。

- 让我们回顾一下大家所说的对于会议所喜欢的部分。
- 现在，让我们来回顾每条改进建议。尽管只有一个人提了建议，但如果我们想要实施这条建议的话，我们需要整个小组来做出决策。让我们根据少数服从多数原则，逐个来看一下。
- 第一条建议是……有人支持这条建议吗？如果没有人支持，该建议就被舍弃了……好，有人反对吗？如果没有，该建议就被接受了……还有其他意见吗？好，让我们投票……现在，让我们继续下一条建议吧！

你对于整体会议进行了一个总结调查评分。

- 为了总结一下我们这次会议开得如何，让我们用 0~10 打分的方式来做一个总结性的调查打分，10 是最受欢迎的。你会如何评价这次会议呢？现在开始打分。
- 让我们看看结果。

你感谢每个人并关闭会议。

- 在我们关闭会议之前，还有人有其他想法吗？
- 好，谢谢大家，我们的会议很精彩。我会在两个工作日内把会议记录发给大家。我们下次会议是……到时我们再会。

会议之后，将评估项目复制到会议文件（Word）中。

图 12.16 显示的是评价白板。

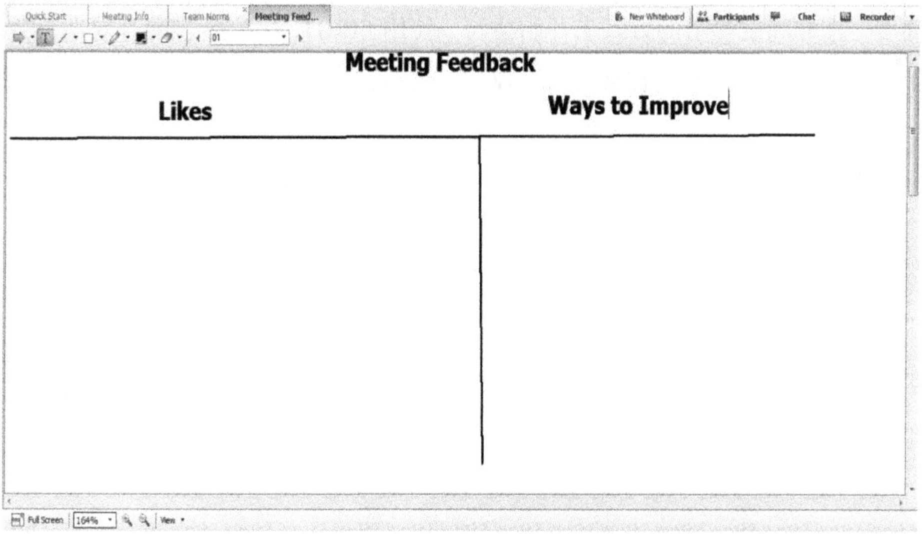

图 12.16 评价白板

最后的话

我们希望这次对于一个虚拟会议的详细的解剖能够给你留下几个关键的印象。

- 一个高度参与、高效的虚拟会议需要进行详细的计划和准备。
- 使用引导技术，如检查点、开场问题以及少数服从多数等技术，可以帮你创建一个高度互动和高效产出的虚拟会议环境。
- 虚拟会议平台可以作为一种有效变幻参与方法的工具。
- 你确实可以召开优秀的虚拟会议，产出更好的结果，这些结果具有较高水平的认可度和对于行动的承诺。

现在你已经读完了这本书，接下来请把这些策略应用到实践中去。在下次会议时，请使用准备清单以确保你为一个成功的虚拟会议做好了规划。采用开始清单，用高度专注和高度参与的方式来开始会议。使用 FIRST CLASS 步骤有效运行会议。用关闭清单中所包括的内容来关闭会议和进行后续的行动。使用这些策略，你就可以期待你的参会者给你如潮的好评了。

我们的希望是，本书将会成为帮助你的虚拟会议取得惊人成效的催化剂。

策略清单

策略 1 确保你的团队理解虚拟会议和面对面会议所面临的共同问题以及虚拟会议所面临的特有问题。

策略 2 构建优秀虚拟会议的愿景，解决这些共同的和特有的问题。

策略 3 定义和沟通虚拟会议主持人的角色和虚拟会议参会者的角色。

策略 4 告知会议主持人和参会者不同会议类型之间的差异，以及他们所适用的情境。

战略 5 让会议主持人和参会者学会提出一些问题，以决定会议是否真的有必要召开，从而减少不必要的会议。

战略 6 评估哪些会议需要通过虚拟方式召开而非面对面方式召开，记录召开虚拟会议所节约的成本。

策略 7 了解组织为什么要采用虚拟方式，需求是什么，一定要明确具体的预算限制和其他要求。

策略 8 查看各种平台，以了解功能。

策略 9 明确你需要的 3~7 个关键功能。

策略 10 根据关键功能缩小产品层级的选择范围。

策略 11 选择最能满足你的需求和限制条件的虚拟会议平台。

策略 12 为你的会议确定准备的 6P：目的、产出、参会者、可能的问题、流程和平台。

策略 13 设计实现目的和产出的议程，同时将参会者和可能的问题考虑进去。

策略 14 准备一个详细的议程，描述你考虑如何使用虚拟会议平台执行每项议程。

策略 15 使用各种信息收集流程，使会议有趣和吸引人。

策略 16 在会议召开前发送会议通知，告知参会者会议的目的和虚拟会议的接入方式，并鼓励参会者为会议做好准备。

策略 17 确保会议通知的第一时间是上线时间而非开始时间。

策略 18 如果会议比较关键或包含有争议的话题，与人们进行预备讨论。

策略 19 请人们在会议开始前至少 10 分钟访问虚拟会议平台。

策略 20 如果你预期参加虚拟会议的人数会超过四个人，安排一位不参加会议的人作为主持人或技术助理，其作用是解决任何你或参会者可能遇到的技术问题。

策略 21 准时开始，让议程表上的第一时间作为集中时间和获得按时开始会议的提前许可。

策略 22 提供一个强大的、有效的开场白：

- 感谢参会者的到来。
- 告知他们目的和期望产出。
- 让他们知道会议对他们的好处。
- 通过确定他们所拥有的权力和所扮演的角色，赋予他们权力。

策略 23 要确保你知道所有在线的人，让人们将声音和名字对上号，进行包括名字和所在地点的点名，并要求每个人都回应“是的，我在”。

策略 24 在每个有多人参加会议的地区，要安排一个人作为你的“房间里的眼睛”，当你需要放慢或加快速度，或者基于房间里所发生的事情采取行动时，让他们提醒你。

策略 25 要让参会者在会议的一开始就全身心地投入进来，可以使用关键主题法、个人成果法、一分钟签到法，或任何其他与会议相关的可视化的开场问题来达到这一目的。

策略 26 通过将参会者的个人成果或主要议题与议程联系起来的方式，获得对于议程的认同。

策略 27 使用基本规则来识别边界内的行为和越界的行为。

策略 28 建立停车场，用来“停放”要做的决策、采取的行动或在稍后时间里要解决的问题。

策略 29 要让大家保持在同一界面上，要实现议程的顺利进行，在每项议程开始时，都要设置一个检查点。

- 快速回顾到目前为止已完成的事项。
- 简要说明小组接下来要做些什么。
- 解释该议程对于实现会议总体目标的价值。

策略 30 在给出指令时，要描述一下该做什么、如何做以及为什么这样做是很重要的。可以使用 PeDeQs 格式。

- **P**urpose——给出活动的总体目的。
- **E**xample——在适当的时候，举出一个与主题无关的简单的例子。
- **D**irections——用描述图像的方式给出总体指示。
- **E**xceptions——给出例外情况和特殊情况。
- **Q**uestions——提问。
- **S**tarting——问一个开场问题，让参会者将其答案可视化。

策略 31 记录会议期间所提供的所有关键信息，包括所有的问题、决策、行动和可供将来参考的相关分析。一定要没有任何个人偏见地记录这些信息。

策略 32 使用虚拟会议平台，允许每个人看到对于讨论的记录。在适当的情况下，请参会者自己记录自己的答案，而不是你来为他们做这些事情。

策略 33 在转换到下一项议程之前，总结所讨论的信息，使用轮流的方式询问参会者：“我们可以继续吗？”

策略 34 根据计划跟踪时间使用情况，以确保会议时间的恰当使用。

策略 35 如果小组开始出现偏离现象，那么提出一个重新定向的问题将小组的注意力拉回来。例如，可以问：“这是一个有趣的观点。我们可以把这个问题列出来吗？这样我们就不会忘记它了。现在回到我们的问题上来。”

策略 36 以各种方式探询所有的意见和调动参与，包括轮流法、竞速反馈法、调查法、白板法和分组法等。

策略 37 对于虚拟会议的每项议程，根据议程项的目的使用适当的流程。

策略 38 要产生想法，使用头脑风暴法。

策略 39 要创建一个详细的信息列表，使用列清单法。

策略 40 要对信息进行分类，使用分类法。

策略 41 要找出最重要的项目，使用优先级排序法。

策略 42 要收集意见和输入，使用反馈或调查法。

策略 43 要获得快速反馈，使用竞速反馈法。

策略 44 要增加参与性和提高效率，使用分组法。

策略 45 识别和应对具体问题，使用问答法。

策略 46 要从每个人那里获得响应，使用轮流法。

策略 47 在关闭会议之前，从头到尾回顾以下内容：

- 会议的议程和会议的所有内容，以及在会议一开始所确定的关键议题或参会者的产出。
- 团队所做出的决策，如有必要，将关键点记录下来。
- 任何悬而未决的问题，以确定需要对这些问题采取什么行动。
- 所有的行动，以确保为每项行动分配责任人和完成日期。

策略 48 使用一个简短的流程来确定优势、改进方案和对会议进行评估，获得大家对于如何改善未来的会议的宝贵反馈意见。

策略 49 为了让大家明确作为会议成果所做出的决策和所要采取的行动，在会议之后发送一份总结，内容包括决策、行动、悬而未决的问题以及在会议中记录的相关分析。

策略 50 为了确保在会议期间所分配的行动得以完成，发送一个通知，强调一下在下次会议前几天内要完成的行动。此外，在下一次会议上，把对前期所采取的行动的回顾作为会议议程的第一个或第二个项目。

策略 51 了解困扰虚拟会议的典型的失当行为，以便做好预防准备，在出现这些行为时，准备好应对策略。

策略 52 在一般情况下，当处理失当行为时：

- 私人或公开进行。
- 对症状感同身受。
- 解决根本原因。
- 就解决方案达成共识。

策略 53 及早确定如何做出决策。

策略 54 用五指共识法作为决策的机制来获得广泛的共识基础，而不影响解决方案的质量，在寻求一致共识时，往往会使用这种方式。

策略 55 对于不太重要的决策，可以使用少数服从多数原则，确保相关的信息得到讨论。

策略 56 在面对分歧时，要确定这种分歧是层级 1 分歧（信息）、层级 2 分歧（价值观或经历），还是层级 3 分歧（个性、过去的历史或其他外部因素）。

策略 57 运用适当的共识达成策略——描绘备选方案、优劣势合并，或提交给更高层级——这取决于分歧的层级。

策略 58 如果只有少数人是远程的，使用这样一条基本规则，“不要忘记远程参加者”，并确保在整个会议中通过由他们先发言的方式让远程参会者参与进来。

策略 59 如果有大量的人是远程的，可以将参会者分为不同的小组；使用小组轮流的方式；在每个活动中，请一半或更少的小组中的每个成员进行回应。

策略 60 如果你是唯一不在房间里的人，选择一个可以进行视频的虚拟会议平台，指派专人担任你在房间里的“眼睛”，在每张桌上都安放一个摄像头，以便你能观察到大家的互动情况。

作者介绍

迈克尔·威尔金森

迈克尔·威尔金森是韬略公司总经理。韬略公司是一家提供引导技术的公司，是一家专门从事引导、咨询、领导力和会议技巧培训的组织。韬略还为世界各地提供专业的引导者，帮助世界各地的组织完成战略规划、问题解决、焦点小组以及各种其他流程。

迈克尔·威尔金森是引导行业的领头者。他是行业畅销书《引导的秘诀》的作者，也是《高效会议秘诀》《引导战略实施指导》《购买风格》的作者。他是引导师资库创始人，也是国际引导学院董事，并且主导了国际引导影响奖的创立。他是北美首批获得专业引导师认证的五位引导师之一，随后被授予了大师级引导师的称号。2003 年，他因在该领域的杰出成就和贡献，被引导师东南协会授予年度引导师称号。

无论是在国内还是国际上，他都是一个非常杰出的引导者、培训师和演讲者。他在曼谷、布里斯班、日内瓦、格拉斯哥、汉堡、赫尔辛基、伊斯坦布尔、伦敦、墨尔本、米兰、荷兰、阿拉伯、新加坡、牛津、悉尼、惠灵顿等都引导过国际性的项目。他曾与公共和私营部门组织的数百人一起工作过，包括可口可乐公司、毕马威会计师事务所、美国疾病控制中心与全球联合之路。

在成立韬略公司之前，他曾在安永管理咨询集团担任高级经理。作为一位有造诣的信息技术顾问，他被选为所在州的州长，为 12 名成员的信息技术政策委员会服务。

迈克尔 · 威尔金森与他的妻子和两个孩子住在亚特兰大。

理查德 · 史密斯

理查德是韬略公司的负责人之一，领导培训和引导服务部门。他负责管理的 20 多名成员都是组织的核心引导团队成员，还通过公司网站（FindaFacilitator.com）管理 500 多名合约制的引导师。理查德专注于公司的旗舰课程方面对核心团队成员和客户进行认证，如“有效引导者”以及其他课程等。理查德是一个经过认证的大师级引导师，这个级别的引导师在全世界不足 30 位。

在来到韬略公司之前，理查德是一家软件服务公司的高管，在那里他负责交付、培训和对复杂系统的支持工作，包括客户关系管理、财务、人力资源和企业需求规划（ERP）。那时，理查德积累了引导客户、供应商、合作伙伴、设计团队、实施团队和关键项目支持团队开会的深入经验。在这个阶段，他领导了超过一万名专业人员和管理人员的培训。他的角色包括负责服务的执行副总裁、首席运营官和首席执行官。在他职业生涯的早期，理查德做过八年埃德森（现在的埃森哲）的咨询顾问，在那里，他从事的是战略规划、盈利改善、变革管理和系统开发等领域的工作。他是该公司开发引导和领导力项目、项目管理项目的培训材料的团队成员之一。

理查德曾给一些大客户提供过服务，包括南方公司、可口可乐、佐治亚电力，Novartis、M&M Mars、许多联邦和州政府机构以及几个处于早期发展阶段公司。

理查德取得了位于马里兰州安纳波利斯美国海军学院的学士学位，俄亥俄州立大学的工商管理硕士学位。在埃德森工作的同时，他在佐治亚州取得了注册会计师资格。理查德已婚，有两个女儿和四个外孙。

关于韬略公司

1992 年韬略公司（LSI）成立，其基本业务包括两个方面：引导技术培训及会议引导服务。今天，该公司作为一家在全国领先的引导技术公司，拥有 18 000 名训练有素的毕业生和 500 多位专家引导师，并继续从事引导的相关工作。LSI 总部设在佐治亚州的亚特兰大，向全球的商业、政府和非营利组织提供培训和引导服务。

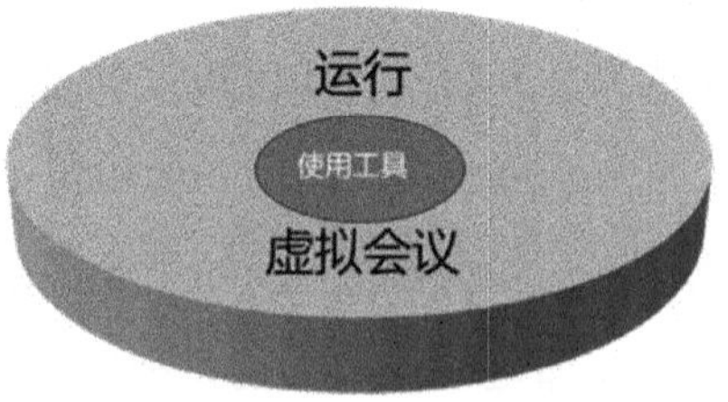

说到培训，我们提供的是“引导式培训”！区别于大多数只提供极少的练习和反馈的机会的以讲师为中心的培训课程，当你在 LSI 上课时，超过 50%的课程都是通过练习、角色扮演、小组互动，或极具吸引力的团队练习等方式完成的。

我们的虚拟会议引导培训

组织中拥有熟练地引导有效的虚拟会议的人越多，该组织就越有能力管理团队，引领人们进行虚拟开会、共创战略并获得结果。

与主要关注于虚拟工具培训的课程相区别，我们专注于虚拟环境中的引导技术的训练。在这个领域，我们提供两门课程，其中你将学习如何将技术和引导方法结合起来，共同提高生产率，确保你的虚拟会议是高度参与性的和高产出率的。

我们的**引导虚拟会议——必备**课程是专为引导虚拟会议的专业引导师设计的，在这些虚拟会议中，全部或部分团队成员、客户、供应商、承包商和其他会议参会者身处异地。在这门课程中，你将学习如何做以下事项：

- 准备你的虚拟会议场所
- 确定会议的目的和产出
- 制定达成目的的议程
- 使用虚拟工具引导高层级的互动
- 有效处理失当行为和分歧
- 保持高能量
- 达成共识
- 保持远程参会者的投入、专注和参与
- 减少或消除多任务现象
- ……

我们**引导虚拟会议——综合**课程是为那些引导复杂虚拟会议或者其成功需要具备引导虚拟小组的专门知识的人设计的。除了必备课程中所涉及的要点之外，本课程提供了丰富的参与策略和练习。参加者可以满怀信心走得更远，他们可以提供更为有效的虚拟会议，因为他们在培训课程期间就已经看到了这些会议是如何召开的，并亲自引导了这些会议。

如果你有兴趣为你的团队提供虚拟会议培训，可以通过电话、网站或电子邮件联系我们。你也可以免费订阅我们的时事通信《领导者文摘》，或者加入我们免费的网络研讨会。

Leadership Strategies
The Facilitation Company

www.leadstrat.com 800-824-2850 info@leadstrat.com

参考文献

Barlow, J. Smart Videoconferencing: New Habits for Virtual Meetings. San Francisco: Berrett-Koehler Publishers, 2002.

Bens, I. Facilitating with Ease! Core Skills for Facilitators, Team Leaders and Members, Managers, Consultants, and Trainers (3rd ed.). San Francisco: Jossey-Bass, 2012.

Courville, R. 102 Tips for Online Meetings. Seattle: CreateSpace Independent Publishing Platform, 2013.

Doyle, M., and Straus, D. How to Make Meetings Work! The New Interaction Method. New York: Berkley Books, 1976.

Hunter, D. The Art of Facilitation: The Essentials for Leading Great Meetings and Creating Group Synergy. San Francisco: Jossey-Bass, 2009.

Kaner, S., and others. Facilitator's Guide to Participatory Decision-Making. Philadelphia: New Society, 1996.

Koegel, T. The Exceptional Presenter Goes Virtual: Take Command of Your Message, Create an "In-Person" Experience, and Captivate Any Remote Audience. Austin: Greenleaf Book Group Press, 2010.

Rees, F. How to Lead Work Teams: Facilitation Skills. (2nd ed.). San Francisco: Jossey-Bass, 2001.

Schwarz, R. The Skilled Facilitator: A Comprehensive Resource for Consultants, Facilitators, Managers, Trainers, and Coaches. San Francisco: Jossey-Bass, 2002.

Settle-Murphy, N. Leading Effective Virtual Teams: Overcoming Time and Distance to Achieve Exceptional Results. Boca Raton: Auerbach Publications, 2012.

Sookman, C. Effective Virtual Meetings: Tips for Teleconference and Webinar Leaders. Oshawa, Ontario: Multi-Media Publications Inc., 2009.

Weaver, R., and Farrell, J. Managers as Facilitators: A Practical Guide to Getting Work Done in a Changing Workplace. San Francisco: Berrett-Koehler, 1997.

Wilkinson, M. The Executive Guide to Facilitating Strategy. Atlanta: Leadership Strategies Publishing, 2011.

Wilkinson, M. The Secrets of Facilitation-New and Revised. San Francisco: Jossey-Bass, 2012.

Wilkinson, M. The Secrets to Masterful Meetings. Atlanta: Leadership Strategies Publishing, 2005.

ABOUT US
关于百年基业

公司愿景

全球领先　中国第一的行动
学习与引导技术的专业机构

百年基业 GENECHAIN

公司使命

为客户提供卓越的组织与人才
发展解决方案
成就中国企业的世界高度

百年基业致力于通过行动学习与引导技术的研究与实践，帮助企业更好地发展领导梯队、促进组织绩效提升，建设专业人才队伍，使行动学习与引导技术这一主流的人才开发方法论深植企业，从而提升中国企业的国际化与全球竞争力。

百年基业拥有为超过上千家央企、外资企业、大型民营企业服务的经验，同时百年基业也拥有相互支持、共谋发展的众多战略合作伙伴。基于客户的支持与信任，通过百年基业数十位国际、国内行动学习和引导技术专家以及多个专业机构和院校的共同协作，以求把行动学习和引导技术对组织、业务、团队、个人的四维发展落到实处。

公司宗旨

行动创变组织　引导重塑学习

核心价值观

爱与信任　专业引领
持续创新　成就卓越
共同成长

引导⁺组织发展

专业认证类
- 《CAF中国引导师认证》
- 《CSAL中国行动学习催化师认证》

工作坊设计类
- 《战略共创画布》
- 《问题解决工作坊》
- 《文化融合工作坊》
- 《团队复盘工作坊》

技术赋能类
- 《结构化研讨》
- 《工作坊设计》
- 《引导的秘诀》

项目设计类
- 《PDAL卓越绩效行动学习项目》
- 《LDAL人才发展导向的行动学习项目》
- 《SDAL战略导向的行动学习项目》

引导⁺学习发展

学习项目类
- 《关键人才学习地图构建》
- 《全序列敏捷课程体系构建》
- 《内训师体系及中国内训师大赛》

赋能认证类
- 《FC-引导式学习地图顾问认证》
- 《FE-引导式经验萃取师认证》
- 《FD-引导式教学设计师认证》
- 《FTT-引导式培训师认证》

工作坊设计类
- 《引导式经验萃取》（业务篇/岗位篇）
- 《引导式微课设计与开发工作坊》
- 《引导式案例开发与教学工作坊》
- 《引导式课程设计与开发工作坊》
- 《在岗辅导手册开发与赋能工作坊》
- 《TTM-培训项目管理工作坊》
- 《TTM-年度培训计划制定工作坊》

百年基业 GENECHAIN

引导⁺领导力发展

引导⁺ 个体领导力发展
- 《催化型领导者》
- 《一分钟经理及实践®》
- 《管理核心五任务®工作坊》
- 《领越®领导力工作坊》

引导⁺ 组织领导力发展
- 《创新领导力®工作坊》
- 《变革领导力沙盘》
- 《创新管理工作坊》
- 《引导式SPS管理案例沙盒萃取与实践》

引导⁺ 团队领导力发展
- 《U5 卓越团队®》
- 《引爆团队战斗力》
- 《问题分析与解决工作坊》
- 《经营决策沙盘》

成为催化型领导者“ABCD”项目方案类产品
- A 面向高层管理者及高层后备
- B 面向中层管理者及中层后备
- C 面向基层管理者及基层后备与高潜
- D “优才之星”创业公司管理教练工作坊

人才管理咨询与测评

领导力咨询
- 引导式领导力快速建模
- 面向战略的管理人才盘点
- 青年干部/高潜人才选拔
- 定制设计领导力培训规划
- 一体化搭建领导力学习地图

觉察工作坊
- 个体领导力觉察工作坊
- 团队领导力觉察工作坊

人才测评
- 全景式领导力测评系统：
  - 个体测评：领导风格测评、学习-决策风格测评、领导力素质360度评估、管理核心五任务能力测评、卓越领导力测评
  - 团队测评：贝尔宾团队角色测评、团队敬业度测评
  - 组织测评：创新文化调研
- 在线测评系统移植

www.gene100.com　电话：010-58672662　北京朝阳区东三环南路58号富顿中心A座2009室

反侵权盗版声明